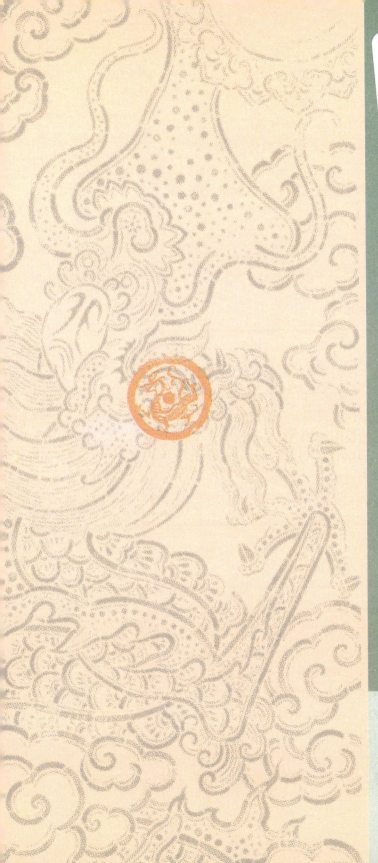

中国史

书系

宋辽金元

李中跃◎著

山西出版传媒集团 三晋出版社

图书在版编目（CIP）数据

极简中国史 . 宋辽金元 / 李中跃著 . -- 太原 : 三
晋出版社 , 2024. 8. -- ISBN 978-7-5457-3046-3

Ⅰ . K209

中国国家版本馆 CIP 数据核字第 2024BG5598 号

极简中国史·宋辽金元

著　　者：李中跃

责任编辑：朱　屹

出 版 者：山西出版传媒集团·三晋出版社

地　　址：太原市建设南路 21 号

电　　话：0351—4956036（总编室）

　　　　　0351—4922203（印制部）

网　　址：http://www.sjcbs.cn

经 销 者：新华书店

承 印 者：三河市同力彩印有限公司

开　　本：787mm×1092mm　1/16

印　　张：13

字　　数：150 千字

版　　次：2024 年 8 月第 1 版

印　　次：2024 年 8 月第 1 次印刷

书　　号：ISBN 978-7-5457-3046-3

定　　价：68.00 元

如有印装质量问题，请与本社发行部联系　电话：0351—4922268

目录

目录

目录

历史人物 131

大事记 196

HISTORY

时代背景

文化大繁荣的两宋

你知道"撼山易，撼岳家军难"形容的大英雄岳飞吗？知道会唱"明月几时有，把酒问青天"的大文豪苏轼以及画《清明上河图》的张择端，还有念念不忘"王师北定中原日"的大诗人陆游，都是来自哪个朝代吗？——大宋王朝。宋代的书籍和陶瓷，在今天仍被视为无上珍品。老祖宗留给我们的一件件精美瓷器，不仅在向我们诉说着宋代文化的灿烂，更在展示着这个王朝惊心动魄的历史。

宋朝上承唐朝，下启元朝乃至明朝，一共 319 年，以靖康之难为界限，分为北宋和南宋。北宋始于 960 年，由赵匡胤创立。北宋对内重文轻武，强干弱枝，削弱武将权力，加强了中央集权，但却不利于边疆稳定。北宋和辽国连年争战，直到"澶渊之盟"以后，才逐渐走向和平。1125 年，金军制造了靖康之难，北宋灭亡。赵构在应天即位，南宋王朝开始。南宋与金军多年争战，最后都被北方更强大的草原民族——蒙古打败。1235 年，宋元争战，1276 年，元军攻克临安，1278 年，南宋流亡朝廷在崖山全军覆没，南宋彻底灭亡。

宋朝在政治上创造了承上启下的制度，繁荣了商业贸易，推动了理学、文学和科技等的迅速发展，是当时世界上最富庶的国家。宋朝在思想文化上也对后代产生了深远的影响。

雨郭烟村白水環迷
雜红景间蒼山悦闻名
口清猿噴良巖秋光想
像間　御題

▲北宋·赵佶《溪山秋色图》

来自北方的统治者

唐朝灭亡以后，北方的少数民族逐渐崛起，与南方的政权并立，在很长的时间里战和不定。此时第一个强大的少数民族政权，是由契丹族建立的辽国，又称契丹国。辽国一共传了9位皇帝，历时218年。初期，辽经常南下攻宋，但均被北宋抵挡回去。在澶渊之盟以后，宋辽长期和平相处。后来辽国逐渐衰落，内部的统治集团争权夺利，互相残杀，压榨百姓，民不聊生，引起了各地民众的反抗。

公元1115年，女真族建立金朝，在反抗契丹人的斗争中日益强大起来。金朝共传了9位皇帝，历时119年。金国联合北宋灭掉辽国后，看透了北宋的软弱，想连带灭掉宋朝。金军南下攻打宋朝，制造了靖康之难，导致北宋灭亡，南宋继起。金国继续南下攻打南宋，但在岳飞、韩世忠、虞允文等人的反抗下，最终没有成功。双方议和以后，金朝开始走向衰落，内部贪污腐败，残酷地压榨各族人民，引起了以蒙古人为首的各地人民的反抗。蒙古人在铁木真的带领下，东征西讨，首次把分散的蒙古部落统一起来，于公元1206年正式建立蒙古国，开始对金朝作战。公元1234年，蒙古和南宋联手，灭掉了金朝。此外还有一个西北小政权——西夏，夹在宋、辽、金、蒙古等国中间生存，在公元1227年被蒙古人灭掉了。

蒙古在成吉思汗的带领下逐渐强大起来，横扫四方。公元1260年，忽必烈即位，后于公元1271年改蒙古国为元朝。元朝于公元1279年彻底打败南宋，结束了长期分裂状态，统一了全国。元军马不停蹄，多方征讨，建立了中国历史上最辽阔的疆域。元代用行省制管理国家，重视发展农业经济和对外贸易，鼓励科技发展，创造了影响深远的元曲，推动了多民族大一统国家的形成和发展。但是元代的内斗非常厉害，又实行民族歧视政策，压榨汉族民众，最终激起农民大起义。公元1368年，朱元璋推翻元朝的统治，建立了明朝。

这个时期的历史快马弯弓，纷繁复杂的政治、经济、文化等变迁，承上启下，对中国历史产生了深远的影响。

历史事件

宋

黄袍加身

　　宋朝的前身是五代十国的后周（951—960）。后周是由大将军郭威开创的，是很喜欢上进的王朝。后周在第二个皇帝周世宗柴荣的带领下，积极发展经济，操练军队，惩治贪官污吏，任用贤能，在众多的割据政权中，迅速成为一方霸主。正当周世宗带领军队南征北战、势如破竹地北进时，却在幽州染上了重病，不久便英年早逝。周世宗的儿子柴宗训继位，史称"周恭帝"。在那个武将专横的时代，一个几岁的小皇帝，势孤力弱，整天被一群野心勃勃的"武大狼"们包围着，很是危险。公元 960 年，边关急报辽国和北汉将大举南侵。小皇帝经验少，只能起用周世宗时期的大将赵匡胤率领千军万马，北上抵御。

▲柴荣像

　　当赵匡胤和他的部下行军至陈桥驿时，赵匡胤下令全军休整，不走了。当天晚上，赵匡胤的一些亲信在将士中散布言论，说小皇帝年幼无能，必须由赵匡胤当皇帝，才能保住国家安全，绝大多数官兵纷纷响应。第二天一早，赵匡胤的亲信赵匡义、赵普等人，将事先准备好的黄袍披

▲北宋·王霭《宋太祖坐像图》

在醉酒刚醒的赵匡胤身上，随即磕头跪拜，高呼万岁，拥立他为皇帝。赵匡胤假惺惺地推辞一番，便欣然接受了。

　　随后，赵匡胤率军返回了开封，当时城中早有石守信、王审琦等人做内应。在内外联合下，赵匡胤强逼小皇帝把帝位让给了自己。960年正月初五，赵匡胤登基称帝，史称"宋太祖"，建国号为"宋"，史称"北宋"（960—1127）。

杯酒释兵权

赵匡胤虽然坐上了龙椅，但是心里并不踏实。因为他的皇位是自己和手下的将士们从小皇帝手里抢来的，因此担心别的将士也会以同样的手段上位。不过相比汉朝的流氓皇帝刘邦，虽然赵匡胤脸皮厚，心却没有那么狠。他没有斩草除根，杀害前朝的孤儿寡母，也没有"狡兔死，走狗烹"，大杀拥立自己的功臣良将。但精明强干的赵匡胤也不想自己的王朝像前朝一样变得短命，所以做皇帝后不久，他就召见丞相赵普，问："为什么从唐末以来，数十年间国家换了这么多的皇帝，都那么短命？我想要国家长久之计，你有什么好办法吗？"赵普回答说："国家混战不休，是因为藩镇割据、武将专权，要想解决这两个问题，就得削实权、制钱谷、收精兵。"

赵匡胤顿悟，在一次下朝时召集之前拥立自己的大将石守信等人，举行宴会。大家喝得正高兴时，赵匡胤突然让左右侍从退下，对部下叹着气说："我现在当了天子，还不如以前快乐呢，经常整夜睡不着觉啊！"石守信等人忙问为什么。赵匡胤幽幽地说："我这个皇位谁不想要呢？"石守信等人一听，就知道这话里有话，忙说："陛下何出此言？谁敢造反，我们去灭了他！"赵匡胤继续说："你们虽然不想当皇帝，但你们的部下一旦想要富贵，把黄袍也披在你们身上，你们就是不想当皇帝也

▲清·陈书《宋太祖洞开重门》

不行了！"

　　石守信等人听出了赵匡胤的话外之音，惊恐万分，连忙请求赵匡胤给他们指条活路。赵匡胤缓缓地说："你们不如放弃兵权，荣归故里，多买一些良田美宅，高高兴兴地去过下半辈子。然后咱们再结为亲家，我不猜你，你不疑我。这不是皆大欢喜吗？"心领神会的石守信等人第二天就纷纷上书，声称自己有病，要求皇帝解除他们的兵权。赵匡胤

宋太祖圖贊第十一

續通鑑綱目開寶九年帝以江表底定方內大同欲西幸行郊禮三月如西京次翠縣遂拜安陵賜河南田租之半奉陵戶復一年至洛陽四月祭天地於南郊都民垂白者喜相謂曰我輩今日覩太平天子儀衛

宋祖撫運統一海宇底定南邦乃睐西土洛邑燔柴安陵薦祖明德惟馨有秩斯袞龍法服大輅鳴鑾天行星陳儀衛儀官行慶施惠租賦用寬太平復覩萬姓咸歡

▲清·廖鸿章《历代帝王巡幸图卷》之《宋太祖图赞第十一》

欣然同意，撤去了他们的兵权，也兑现了自己的诺言，与他们结成亲家，厚加赏赐。这就是历史上有名的"杯酒释兵权"。

此后，为了进一步防止武将专权和叛乱，赵匡胤在中央将禁军一分为三，特意选择资历低、威望弱的人担任禁军将领，同时又在地方上削减节度使等武将的权力。这些节度使无力与中央抗衡，便再也没胆子和力量去造反了。赵匡胤的这些措施有力地强化了中央集权，但也导致武将软弱，内重外轻，边防无力，埋下了外敌入侵的隐患。

当时北宋尚未消灭群雄，接下来便是北宋统一南方和出兵北伐了。

全国的统一

　　北宋建立后，还没有完成全国统一。赵匡胤决定先攻打南方，派大将曹彬、潘美等人先后降服和攻灭了荆南、后蜀、南汉等国家。在攻打南汉的时候，宋军首次碰到历史上极少见的"大象军"，宋军被大象踩死不少。一开始宋军的士兵和战马都有些惊慌，急往后退，但后来聪明的宋军用火箭射大象，大象见火就败退，反倒是踩扁了不少南汉士兵，导致南汉大败，被宋军灭掉。打下南汉后，信心满满的宋军开始攻打南方实力最强的南唐。

　　当时的南唐后主李煜软弱无能，面对北宋的来势汹汹，南唐选择退让降服，但又不愿意交出政权，一拖再拖，最终惹得赵匡胤不耐烦了。宋军厉兵秣马，饮马长江，决意要南下灭唐。这可吓坏了李煜。李煜着急地问赵匡胤："我都归降于你了，你为什么还是要灭我呢？"赵匡胤霸气地说："我睡

▲南唐后主李煜像

觉的地方，怎么允许有其他人打呼噜呢？"北宋趁南唐在长江守备松懈之时，奇袭过去，势如破竹，打败了南唐军队，俘虏了李煜。

975年，北宋终于扫平众多割据政权，统一了南方。976年，赵匡胤去世，他的弟弟赵光义继位，史称"宋太宗"。

打下南方之后，赵光义雄心勃发，想北伐以一统天下。由于宋军多年征战，有些厌战，但是赵光义执意北伐。986年，赵光义看到辽国换了个年幼的新皇帝，由萧太后暂时代理朝政，觉得辽国内部不稳，可以趁机一举拿下辽国。于是派大将曹彬、潘美、杨业等人兵分三路，出师北伐。

最初宋军进行得很顺利，收复了不少失地。但宋军由于抢功心切，大将曹彬的东路军孤军深入，其他几路配合不力，被契丹人识破。辽国幽州守将韩德让对宋军坚决阻击，用地道战、火箭等战术多次打退宋军。宋军久攻不下，但是不死心，再派重兵强攻。辽国名将耶律休哥、耶律斜轸马上派重兵支援，看准时机，当机立断，在高梁河等地接连击败宋军的西北路军和东路军曹彬，随时都有可能全歼宋军。吓得赵光义急令宋军三路大军撤退，并命潘美、杨业统率的西路军断后，护送百姓内迁。潘美等人指挥失误，畏战先逃，致使断后的杨业陷入重围。杨业一部孤军奋战，掩护赵光义撤退，最后负伤被俘，绝食三日，壮烈牺牲，被后人誉为"杨家将"之祖。战役发生在北宋雍熙年间，所以又叫"雍熙北伐"。据说正是因为此战，赵光义的腿被辽军射中，坐着驴车，狼狈逃回都城。

雍熙北伐的失败，不仅使北宋收复幽云十六州的计划化为泡影，

▲宋太宗赵光义像

更激起了契丹人的敌意和南下的决心。

卧榻之侧，岂容他人鼾睡

975 年，北宋准备攻打南唐。南唐国主李煜派人对赵匡胤说："我侍奉您从来都是谨小慎微，非常周到，为何还要出兵讨伐我们呢？"赵匡胤回答："既然是一家人，为何在两处吃饭？"来使无言以对，悻悻而归。一个月之后，李煜再次派人前来，跟赵匡胤等人辩论不已。赵匡胤听不下去了，按着长剑霸气地说："不要再啰唆了！我睡觉的地方岂能容忍其他人在边上打呼噜?！"

这个典故后来就用来比喻不许别人侵犯自己的利益。

澶渊之盟

北宋袭击辽国，不仅没有一统天下，还引来了契丹人的报复。1004年秋天，辽国萧太后与辽圣宗亲率大军南下攻宋。刚开始，北宋慌作一团，有的大臣主张避敌南逃和迁都。当时宋朝在位的皇帝是第三位皇帝宋真宗赵恒。

宋真宗也想南逃，这时刚正的宰相寇準马上站出来，力劝宋真宗："谁让陛下迁都逃跑呢？这些人真该杀！现在我国上下一心，您又英明神武，您应该勇敢地上前线督战。将士们见到您都奋不顾身地来参战，必然不怕死，完全可以打退辽军。否则您自己连祖宗基业都不要了，又怎么指望别人来保您赵姓的江山呢？"胆小的宋真宗一路上犹犹豫豫、拖拖拉拉。在寇準和忠勇的将军高琼的合力催促下，宋真宗才至澶州前线督战，这大大地鼓舞了宋军士气。

宋军节节阻击辽军的进攻，逐渐取得若干小战役的胜利，又在澶州城下以床子弩成功射杀了辽国大将萧挞凛，有力地阻止了辽国的进攻步伐。打到最后，双方发现大家都半斤八两，暂时都不能将对方一口吃掉，因此开始和谈。辽国通过王继忠等人，与北宋朝廷暗通关节。寇準是坚决反对和谈的，主张乘胜收复幽云十六州，不料此时妥协派占了上风。宋真宗也赞同议和，派曹利用前往辽营谈判，最终于1005

▲宋·李唐《宋真宗坐像》

年与辽订立和约，史称"澶渊之盟"。盟约规定：辽、宋约为兄弟之国，也就是宋为"小弟"，辽称"大哥"；而宋每年送给辽岁币银 10 万两、绢 20 万匹，宋、辽以白沟河为边界。

和谈以后，两国边境逐渐走向稳定，推动了边境的贸易和文化交流。可惜的是，寇準在妥协派的不断排挤下，最终被贬到异地，郁郁而终。

对外关系虽然缓和了，但是宋朝皇帝越往后，越一代不如一代。宋真宗沉迷于安乐，任用奸相王钦若、丁谓等人，不喜欢上朝听政，整天鼓捣封禅、祥瑞等形象工程，结果导致北宋逐渐陷入"积贫积弱"的困境中。1022 年，宋真宗病重，不到 60 岁便去世了。

垂帘听政

北宋初年的皇帝虽然极力想有番作为，但是大多数英年早逝。第一位皇帝宋太祖赵匡胤活了50岁，第二位皇帝宋太宗赵光义活了58岁，第三位皇帝宋真宗赵恒活了55岁，而第四位皇帝宋仁宗赵祯36岁就去世了，第六位皇帝宋神宗赵顼活了38岁，第七位皇帝宋哲宗赵煦只活了25岁。由于皇帝英年早逝，太子还未成年，需要皇太后辅政，帮未成年的皇帝执掌朝政，这就是"垂帘听政"。

北宋第一位"垂帘听政"的是宋真宗的皇后刘娥，宋仁宗的母亲，又称"刘太后"。刘太后权力欲极强，表面上是帮助皇帝处理朝政，实际上将朝廷牢牢掌握在自己手中。她听政期间，军国大事基本上全部取决于她。刘太后垂帘听政期间，推行了很多促进社会发展的措施，如带头节俭等，使得当时宋朝的经济水平一直在稳步增长。同时，刘太后还下旨在成都设立了"益州交子务"，主持交子的发行等。交子是世界上最早的纸币，比欧洲发行的纸币早了600多年。

大臣们对刘太后的阿谀奉承让她逐渐飘飘然，她想撇开皇帝，让朝臣单独跪拜，甚至想效仿武则天称帝，但是遭到了群臣的反对。刘太后的一生，将权力牢牢掌握在自己手中，至死不肯还政于宋仁宗，引得朝野非议。

▲宋·佚名《宋仁宗皇后坐像》

▲宋哲宗像 清·姚文瀚《历代帝王真像》

第二次"垂帘听政"，发生在宋神宗去世和宋哲宗继位时期，主角是宋神宗的皇后高氏。当时宋哲宗年幼，而且不善于表达，喜欢装哑巴。太后高氏就一手把持朝政，不给宋哲宗插手锻炼的机会。装哑巴的儿子看在眼里、憋在心里。高太后去世后，年少气盛的宋哲宗真正掌握了权力，把以前受的气一股脑地全撒在高太后留下的大臣身上，制造了不少的冤假错案，引起了政治动荡。

两个皇太后执政的时间都比较长，都是皇帝年幼，长期把持最高权力，直到死才愿意交出权力，并不顾及小皇帝的感受，试图将其作为傀儡，最后适得其反，甚至母子反目，导致政治动荡。之后虽然也有几次短暂的"垂帘听政"，但由于时局动荡，都草草了事，没有留下多少影响。

庆历新政

由于宋初长期采取强干弱枝和重文轻武策略，加上外戚干政、贪污腐败、土地兼并等旧疾，宋朝到了宋仁宗时期，国家出现了明显的"三冗两积"状态。"三冗"指的是冗兵、冗官、冗费，具体指的是宋朝兵多了，官多了，钱花得也多了。宋朝虽然养了数量巨大的军队和官员，但是体制十分臃肿，效率低下，外战无能，内斗积极，导致财政支出连年增长。长此以往，国家既被吃穷了，又被吃弱了，这就带来了"积贫积弱"（两积）的后果，既无法有力应对契丹人和西夏人在边境上的威胁，也加重了国内的负担，激起的反抗也越来越多。北宋王朝在别人眼里，就是个可以被随时欺负和讹诈的受气包，这让臣民都感到十分窝囊。

面对这种困境，宋朝文武官员并非无动于衷。宋仁宗时期，中国出现了一个很了不起的人物，叫范仲淹。

范仲淹生长于贫寒之家，但是勤学好问，志向远大，关心民间疾苦，曾在名震一时的《岳阳楼记》中说出了"先天下之忧而忧，后天下之乐而乐"的千古名句。面对北宋的"三冗两积"，范仲淹联合欧阳修、富弼、韩琦等人，向皇帝提出了十项改革措施：1. 严明官吏升降；2. 限制官僚滥进；3. 严格科举选人；4. 慎选地方长官；5. 平均全

▲北宋·张择端《清明上河图》。中国十大传世名画之一，作品以长卷的形式，
生动描绘了北宋都城东京（今河南开封）的城市面貌和当时社会各阶层人

民的生活状况，是北宋时期都城东京繁荣的见证，也是北宋城市经济情况
的写照

国公田；6.重视农业生产；7.减轻徭役负担；8.整顿军事防备；9.严肃朝廷号令；10.落实朝廷恩惠。

这些措施规模宏大，均切中北宋的社会要害。宋仁宗觉得这个建议好，就让下边去遵守实行。刚开始实行时，一些贪官污吏被淘汰，选拔了一批有才能的官员，也逐渐减轻了农民的负担，宋朝开始呈现兴旺气象。因为事情发生在庆历年间，所以人们把这次改革叫作"庆历新政"。

但很可惜，这次的新政改革没有持续多久。守旧势力见到改革派越来越威胁到自己的官帽子和钱袋子，就合起伙来坚决反对范仲淹、欧阳修等这些改革派。守旧派向皇帝造谣说："陛下，您就这么相信范仲淹他们吗？难道不怕他们结党营私，专权乱政吗？"刚开始，宋仁宗并不相信这些小人的话，不予理会。但是他耳根子软，禁不住这些小人天天说、夜夜灌，后来就忍不住开始猜忌范仲淹这些改革派了，担心他们结党造反。不久之后，范仲淹他们终于失去了皇帝的信任，1045 年，范仲淹、富弼、韩琦等人相继被贬到外地，导致改革中途而废，改革最终宣告失败。守旧派赢了，宋朝的"三冗两积"问题不仅没有得到解决，反倒是更加严重了。这就为王安石变法的兴起提供了背景。

王安石变法

　　王安石是临川（今天的江西抚州）人，非常有才华，生活在宋仁宗时期。他文采非常好，得到过大文豪欧阳修的赞赏。王安石很聪明，20岁考中了进士，辗转做了几任地方官，先后在地方上兴修水利，改善交通等，将地方治理得井井有条。每逢青黄不接的季节，穷人的口粮接不上，他便打开官仓，把粮食借给百姓，到秋收以后，百姓按照官定的利息偿还。这样做，农民可以不再受大地主豪强的重利盘剥，日子比较好过一些。王安石做了20年地方官，勤政爱民，深受老百姓的爱戴，积累的改革经验也越来越多，因此名声越来越大。

　　宋仁宗听说了王安石的治国才干，便将他调到京城管理财政。王安石一到京城，就向宋仁宗上了一份万言书，主张改革。范仲淹他们的庆历新政刚刚失败，所以宋仁宗一听到要改革就头疼，没有采纳他的主张。王安石知道朝廷没有改革的决心，跟一些大臣又合不来，心灰意冷，这时，母亲去世，他以丁忧的理由辞官回家，打算再也不过问政治。

　　宋仁宗去世后，宋英宗继位，不到4年便因病去世，宋神宗赵顼继位。宋神宗是个很想有作为的皇帝，非常想改变国家积贫积弱的状况，就下令大臣们提一些改革的意见。他从一个叫韩维的官员的口中

▲王安石像

得知王安石有治理国家、改革弊端的好办法，于是把王安石调到都城开封，问他有什么改变现状的好办法。

王安石见机会来了，便胸有成竹地对宋神宗说："我们得改革旧的法制，确立新的法制。"王安石上了一份奏书，提出了一系列具体的改革措施，宋神宗看后非常满意。1069年，宋神宗任命王安石为参知政事。王安石开始进行大规模的变法改革，这就是历史上有名的"王安石变法"。

王安石变法的主要内容是：

1.青苗法。规定凡州县的老百姓，在夏秋两收前，可到当地官府借钱或种子，收获了以后再还给官府。

2.农田水利法。政府鼓励地方兴修水利，开垦荒地。

3.免役法。老百姓可以花钱雇人替自己服役，而原来不服役的官僚、地主也要交钱。这样既增加了官府收入，也减轻了农民的负担。

4.方田均税法。为了防止大地主兼并土地，隐瞒实情，由官府出面，统一丈量土地，核实土地数量，按土地多少、肥瘠收税。

5.保甲法。政府把农民按住户组织起来。每十家是一保，五十家为一大保，十大保为一都保。家里有两个以上成年男子的，抽一个当保丁，农闲时练兵，战时编入军队打仗。这增强了北宋的战斗力，帮助北宋打赢了吐蕃。

▲宋神宗像

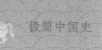

最初，王安石的变法让国家的钱多了、兵也壮了，稳定了政权的统治。但是变法触犯了大地主们的利益，遭到了抵制。另外，王安石用人也有不当的地方，用了不少品质低劣的人。比如主持变法的吕惠卿、章惇等人，不顾实际情况，做法操之过急。他们为了完成任务，强行让老百姓借钱还钱，不交免役钱就不能做买卖，强行从城乡抽人当兵，结果变相地扰民，导致民怨沸腾。不少农民、商贩，为了维护自己的正常利益，甚至以死抗争。这样就给反对派留下了把柄。

反对派借此就说王安石是在迫害老百姓，搞乱朝政。宋神宗有点慌，问王安石："外面人都说我们不怕天变，不听百姓的诉求，不守祖宗的规矩，是不对的。你看怎么办才好啊？"王安石坦然地说："陛下认真处理政事，就可以防止天变了；陛下征询下面的意见，就是照顾百姓诉求了；人们的话也是有错误的，只要我们做得合乎道理，又何必怕人议论？至于祖宗规矩，本来就不是固定不变的。怕这个干什么？"

王安石坚持"三不怕"，但宋神宗并不像他那么坚决，听到反对的人不少，就开始动摇起来。后来反对的人越来越多，说王安石变法造成了民间饥荒，直接闹到了皇宫里。皇帝的祖母和母亲也加入了反对派行列，哭哭啼啼地说王安石变法是在搞乱天下，劝皇帝赶紧停止变法。宋神宗犹豫了。王安石屡次劝说皇上要坚持，但效果不大。后来加上自己的儿子病死，王安石又一次心灰意冷，索性彻底辞官不干了。轰轰烈烈的王安石变法宣告失败，这也加速了北宋的衰亡。

北宋灭亡——靖康之难

宋神宗死后，宋哲宗继位。当时宋哲宗才9岁，由宣仁太后执掌朝政。

宋哲宗继位后，宰相司马光全面废除王安石变法，恢复旧制，前后有9年之久。支持变法的一派被当时的人称为"元丰党人"，而反对变法的一派被称为"元祐党人"。元祐八年（1093），哲宗亲政，再一次起用变法派人士，全面恢复变法新政，严酷打击元祐党人。宋哲宗虽然很想有所作为，但是太过于急功近利，还大兴党争，结果成事不足，败事有余。最终宋哲宗英年早逝，留下个烂摊子给后来人。宋哲宗没有儿子，皇位就传给了他的弟弟赵佶，也就是宋徽宗。

宋徽宗几乎是南唐后主李煜的完美化身，他琴棋书画样样精通，艺术天分了得，花鸟画作形神兼备，自创的书法"瘦金体"可谓独树一帜。宋徽宗对艺术文化相当内行，但在治国方面相当外行。他自己不愿意治国理政，就把朝政交给蔡京、童贯等奸臣去处理。这些人到处搜刮民脂民膏，排挤忠臣，想尽办法讨好皇帝，搞得天怒人怨。为了满足皇帝对奇花异石等的癖好，蔡京他们在苏州设立了应奉局，专门搜刮花石，翻山跨海，拆家毁屋，远道运进东京，去拍皇帝的马屁。宋徽宗醉生梦死，根本没有想到亡国灭家的危险迫在眉睫。

澶渊之盟后，辽国逐渐衰弱，而长期被辽国欺压的女真人在完颜阿骨打的统治下逐渐强大，于1115年建立了金国。北宋准备联金攻辽，想打败辽国后，收复幽云十六州。不巧的是，在宋、金夹击辽国时，北宋后院起火，南边爆发方腊起义，迫使原本北伐的宋军不得不南下平乱，耽误了与金军合击辽国的时机。单打独斗的金国就不依不饶了，质问宋人出尔反尔，是不是要他们玩，两国关系变得僵硬起来。加上宋朝软弱无能，又收留金国叛将，让金人越发觉得宋朝不成器，可以取而代之。

1125年农历二月，辽国最后一个皇帝被金军俘虏，辽国灭亡。这年的冬日，金军的虎狼之师兵分两路，南下攻宋。金国西路军被太原的宋军拖住，而东路军遇到了宋朝汉奸郭药师，郭药师作为金国内应和向导，金军一路上势如破竹，不久就打到东京汴梁边上。这可吓坏了宋徽宗，急忙把帝位传给自己的儿子赵桓，即宋钦宗，自己一溜烟儿地往南跑了。

宋钦宗继位后改国号为靖康，这一年也就是靖康元年。只是没想到，宋钦宗成为北宋最后一个皇帝。当时的宋军畏敌如虎，望风而逃。在这紧急关头，东京留守李纲率领宋军，组织各路勤王军，誓死保卫都城。金军见一时难以取胜，就以退为进，暂时撤退。结果金军刚刚退走，宋钦宗就撤去了忠臣李纲的兵权，还放松了都城的守备。宋徽宗误以为没有危险了，也跑回东京想再做皇帝。

1126年8月，金军出其不意地杀了个回马枪，重兵出击。1127年，攻破了守备空虚的东京。进入东京后的金军不仅烧杀抢夺，奸淫掳掠，更逮住了宋徽宗、宋钦宗以及皇后妃嫔、皇子王孙、大臣官吏等14000

▲北宋·李公麟《宋徽宗坐像图》

吟徵調宮商下桐
松間疑有入松風
仰覽低箸含情寄
以驄無窮一本十
日求諸題

聽琴圖

◀ 北宋·宋徽宗赵佶《听琴图》

余人。这些人被金军逼迫北上，一路上饥寒交迫，受尽凌辱，自杀和被杀的人非常多。这就是轰动历史的"靖康之难"，又被叫作"靖康之变""靖康之耻"，延续了 167 年之久的北宋王朝就此灭亡。

沈括与《梦溪笔谈》

沈括是宋朝时期重要的科学家，他一生致力于科学研究，在众多学科领域都有很深的造诣和卓越的成就，被誉为"中国整部科学史中最卓越的人物"。其代表作《梦溪笔谈》，内容丰富，涉及了天文、数学、物理、化学、生物等多个学科的知识，在世界文化史上有着重要的地位，被称为"中国科学史上的里程碑"。

气壮山河

北宋末年，解州闻喜县人赵鼎，敢于批评权贵，在士大夫中较有声望。1126 年，金大举南侵，宋钦宗惊慌失措，召集百官商议。不少大臣主张割让土地求和，可赵鼎极力反对。钦宗昏庸懦弱，把黄河以北的广大土地割让给了金国。1127 年 5 月，康王赵构在南京建立了南宋王朝，赵构即宋高宗。高宗为了激励士气，保住半壁江山，就起用李纲、宗泽、张俊等主战派代表人物。赵鼎由于敢说敢为，受到宋高宗重用，当了御史中丞要职。后来，秦桧受到宋高宗重用，就千方百计排挤赵鼎。不久，赵鼎生了重病，临死前亲手写了"气壮山河壮本朝"的诗句。

后人把"气壮山河壮本朝"简化成"气壮山河"，形容气势或气概雄壮，足以使山河更加美丽。

岳飞北伐

北宋就这样屈辱地灭亡了。1127 年 5 月，宋徽宗的另一个儿子康王赵构因为远在应天府（今河南商丘），侥幸逃脱了金军的俘虏。赵构宣布继承帝位，是为宋高宗。

历史从此转入南宋时期。1128 年，得意扬扬的金军想渡过长江，一鼓作气统一中国，开始搜山检海捉赵构。势单力薄的宋高宗望风而逃，先从淮河跑到长江，然后逃到临安（今浙江杭州），1131 年将临安升为临安府，成为南宋的首都。金军也一路南下，直逼临安。宋高宗无路可逃，只得逃避到海上，在温州沿海漂泊了 4 个月之久，日子过得非常凄苦。

金军铁骑一路烧杀抢掠，激起了中原民众的极大愤慨。官方和民间的义军纷纷组织起来，对抗残暴的金军。这些义军主要集中在北方，其中最有名的数岳飞的岳家军以及韩世忠的韩家军。

▲宋高宗像 清·姚文瀚《历代帝王真像》

▲岳飞像

岳飞（1103—1142），字鹏举，出生在河南汤阴的一个普通农家，南宋时期著名的抗金名将。在早年，岳飞虽然沉默寡言，但是喜欢读兵书，而且特别有气节。岳飞天生神力，不满20岁就能拉开300多斤的大弓，骑射刀剑，武艺非凡，深受时人的器重。能文能武的岳飞，不久就进入宋朝军队，准备干一番事业。面对金国的残暴，岳飞的母亲告诫岳飞不要挂念家人，应该杀敌报国，恢复河山。岳母在岳飞的背上刺上了"尽忠报国"（后来被说成"精忠报国"）四个字，激励岳飞上前线报国。岳飞辞别家人，匆匆北上，前往抗金前线。

岳飞进入抗金队伍后，历经曲折，经常以少胜多，取得累累战功，得到了抗金名将宗泽的赏识和支持。1130年，岳飞开始在江苏宜兴练兵。岳飞治军严明，宁肯让士兵忍饥挨饿，也绝不会骚扰老百姓，所以赢得了当地百姓的衷心拥护。附近的百姓和士绅都夸赞岳飞说："父母生了我们，但却是您救了我们，真不容易！"

岳家军在一天天地壮大。1130年4月到5月，岳飞与韩世忠相互配合，大破金军，终于收复建康（今天的南京），受到了朝廷的嘉奖。不久岳飞因剿灭流寇匪贼，扩充了兵力，为北伐奠定了基础。为了收复故土，岳飞先后率军进行了四次北伐。第一次发生在1134年，岳飞率领张宪、岳云等部将，攻打被伪齐（北宋叛臣、济南知府刘豫在金国扶植下所建立的傀儡政权）占领的襄阳等六郡地区。英勇的岳家军在不到3个月的时间，就把敌军打得落花流水，收复了襄阳等六郡，这是宋军局部反攻取得的大胜利。

岳飞率领的部队实力大增，开始了第二次和第三次北伐。第二次北伐由于觐见宋高宗的缘故，基本上没有什么进展。1136 年，伪齐政权大举来攻，才正式激起岳飞第三次北伐的决心。岳家军在商州、虢州、邓州、唐州等地，与伪齐和金军的部队展开战斗，斩敌过万，在面临敌军重兵合围的不利局势下，开始撤退。

1140 年，岳飞进行了第四次北伐，也是声势最大的一次。当时的金国大将金兀术（完颜宗弼）领兵分四路大军南下攻宋。最初，南宋部队配合较好，东西战场牵制住了金军。在顺昌，南宋名将刘锜率领"八字军"，用拒马器、重斧等武器，重创金军引以为豪的"铁浮屠"和"拐子马"，大败金军。岳家军趁此良机，先是攻克了颍昌府和淮宁府，然后在郾城准备与金军大战。金军也早已探得岳家军所在，准备一举灭掉岳家军，重振声威。

1140 年 8 月，郾城之战打响。岳家军上下同仇敌忾，奋勇杀敌。岳飞的儿子岳云是一员年轻的猛将，带领 8000 余人，充当先锋打头

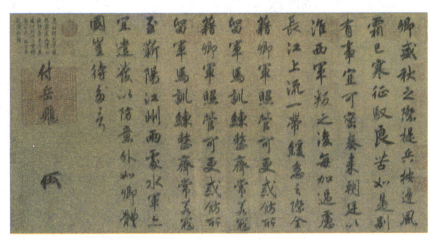

▲《宋高宗赐岳飞手敕》图

阵,多次打退金军冲锋。岳家军悍将杨再兴将军发扬不怕死的精神,高喊着"活捉金兀术",单骑闯入金军阵营,斩杀敌人数十人而回,令金军心惊胆战。为了赢得胜利,金兀术下令重装铠甲"拐子马"投入战斗,集团冲击岳家军。岳家军用长柄扎马刀,冲上去砍断"拐子马"的马腿。金军的"拐子马"只要一匹马倒下,其他的基本都会人仰马翻。见此机会,岳家军的精锐步兵冲上去,连砍带杀,打到天黑,最终吓得金兀术落荒而逃。

岳家军乘胜追击,拿下颍昌之战,斩杀金军众多高级军官,如金军的万夫长、千夫长,甚至包括金兀术的女婿。吓破胆的金军感叹:"撼山易,撼岳家军难。"岳家军全力追击,将金军一路追到朱仙镇,围住了开封城,准备直捣黄龙府,收复故土。当地的老百姓痛恨金国

▲南宋·刘松年《中兴四将图》。其中,右三为岳飞,左一为韩世忠

的统治，纷纷开城欢迎和犒劳岳家军，准备一起收复故土，回归大宋。没想到在这个关键时候，奸相秦桧向宋高宗进谗言，污蔑岳飞无力继续北伐。软弱多疑的宋高宗连下十二道金牌，逼迫岳飞必须撤军。岳飞是个忠臣，不愿反叛，无奈之下只得撤退。在撤退时，岳飞悲愤地说："以前收复的土地，现在都化作流水。大宋很难再中兴了！国家再也无法复原了！"当地老百姓深受感动，又害怕金军反攻，就举家跟随岳家军撤退。为了掩护老百姓撤退，爱民如子的岳家军损失惨重。最终，岳飞的北伐失败了。

此外，韩世忠指挥的"黄天荡之战"也非常精彩。1129 年，金兀术带领大军，直驱南下，很快来到长江边上，准备一鼓作气，攻下临安府。韩世忠料到金兀术孤军深入，难以长久地坚持下去，就兵分三路，

此为另一个版本的《中兴四将图》，无论哪一种版本，岳飞都位列其中

操练水军和战船，准备用水战伏击金军。1130年，金兀术率军来到镇江，马上进入韩世忠的包围圈。韩世忠利用有利地形，封锁渡口，切断了金军的退路。随后宋、金双方在金山脚下大战，杀声震天。在危急时刻，韩世忠的夫人梁红玉擂鼓助战，大大激励了士气。宋军奋勇拼杀，大败不懂水战的金军。陷入包围圈的金兀术大军，几次突围，均遭失败，情急之下，金兀术请求韩世忠借道饶命。韩世忠大义凛然地说："把俘虏我们的皇帝还给我们，把强占我们的人民和土地还给我们，才能饶你性命。"

看到韩世忠不愿妥协，金兀术重金征求突围和破敌之策。没想到这时候一个汉奸王某出现了，他建议说："我们要在船里面填土、放石头，把船变重，不让宋军随意用铁钩挑翻战船；另外我们赶制火箭，用火攻的办法打击宋军的战船。"金兀术依计而行，果然，金军冲出了黄天荡，并将韩世忠打败。虽然此战宋军功败垂成，但沉重打击了金军的气焰。

满江红·怒发冲冠

这是南宋抗金名将岳飞创作的一首词，表现了作者抗击金兵、收复故土、统一祖国的强烈的爱国精神。

怒发冲冠，凭栏处，潇潇雨歇。抬望眼，仰天长啸，壮怀激烈。三十功名尘与土，八千里路云和月。莫等闲，白了少年头，空悲切！

靖康耻，犹未雪。臣子恨，何时灭。驾长车，踏破贺兰山缺。壮志饥餐胡虏肉，笑谈渴饮匈奴血。待从头、收拾旧山河，朝天阙！

绍兴和议

经过与岳飞和韩世忠等几年的战争，金国发现，不能再像前几年那样攻打宋朝时屡战屡胜，看来是无法用武力消灭南宋了，便开始与宋和谈。宋高宗和奸臣秦桧求之不得，因此想不惜一切代价议和。为了防止武将反对，宋高宗解除了韩世忠、刘锜、岳飞等大将的兵权。同时私下里，宋高宗派投降派秦桧去跟金国议和。金军南下虽然暂时失利，但看准了宋朝急于议和的心思，就向秦桧漫天要价。金军不仅向南宋索要大量的岁币，让南宋在领土划分上让步，而且还要求处死金人的心腹大患——岳飞。

秦桧把所有条件统统答应下来，并向宋高宗报告。为了尽快求和苟安，宋高宗同意了金国提出的要求。但是岳飞坚决反对议和，因此也就成为宋高宗和秦桧非除不可的绊脚石。由宋高宗授意，秦桧主导，万俟卨（mò qí xiè）、张俊等人做走狗，以莫须有的罪名，迫害大英雄岳飞。岳飞非常悲愤，在监狱里绝笔大书："天日昭昭！天日昭昭！"尽管天下人都知道岳飞是被冤枉的，但是没有用。宋高宗和秦桧一心要用岳飞的死换得苟安，就将岳飞、岳云及其部下张宪杀死在风波亭。老百姓非常同情岳飞，痛恨卖国贼秦桧、万俟卨、张俊等人。后来岳飞冤案平反，恢复了名誉和地位。人们为了纪念岳飞，把岳飞改葬在

▲南宋·佚名《迎銮图》。此图展现了南宋抗金战争中的一件重要历史事件——韦后南归。

西湖边，同时又用生铁浇铸了四个迫害岳飞的奸人——秦桧、秦桧的老婆王氏、万俟卨、张俊，并让这4个人跪在岳飞的墓前，接受天下人的审判和责骂，遗臭万年。

1141年，岳飞已被骗入狱，宋、金就迅速达成了和议。条约规定：在礼仪上，宋向金称臣，金国册封宋高宗赵构为皇帝；在界限上，宋、金在东边以淮河中流为界，在西边以大散关为线，以北归金，以南属宋；宋每年要向金纳贡银25万两、绢25万匹。由于这一年是宋高宗绍兴十一年，因此这次和议被称为"绍兴和议"。

和约达成后，金国将宋徽宗的灵柩及赵构母亲韦皇后送还给宋朝，以示诚意。宋钦宗知道此事后，央求韦皇后向赵构求情，希望有朝一日也能把他赎回去，让他不再过屈辱的日子。但是赵构担心帝位被宋钦宗夺走，始终没有接宋钦宗回国。

南宋最终以称臣纳贡的屈辱条件换得了苟安喘息，与金国形成了南北对峙的局面。此后，宋、金之间维持了将近20年的和平，直到被金国的海陵王完颜亮打破。

隆兴和议

绍兴和议时的金朝皇帝是金熙宗，他是个残暴的人，嗜酒如命，好猜忌。当时金国大将完颜亮年轻有为，军功赫赫，在金军中声望很高，功高震主，金熙宗想方设法要杀掉他。没想到完颜亮早有准备，先下手为强，于1149年杀死金熙宗，自立为帝。1161年，为了掌握兵权，坐稳皇位，完颜亮撕毁"绍兴和议"，兵分四路，南下攻打宋朝。完颜亮信心满满，亲率主力，直取淮西，然后长驱直入，很快就到长江北岸。金军连夜打造战船，准备自采石渡江。

南宋军队看到金军气势汹汹地打来，第一个反应就是想跑。时任建康府都统制的王权带头逃跑，剩下的18000人退到采石，因一时无人带领整顿，士气涣散，人心惶惶，形势十分危急。此时，智勇双全的中书舍人虞允文挺身而出，对前线将士说："你们不要跑，我有秘密武器，可以打败金军，另外，李显忠将军马上就带援军赶到了。"接着就用忠义感召军士报国。宋军部将见虞允文出来做主，也打起精神来，纷纷说："我们吃尽金人的苦，谁不想抵抗？现在既然有您做主，我们愿意拼命作战。"

随后虞允文立即召集张振、时浚等将领，宣布抗金命令，犒赏军队，动员将士与金军决一死战。又发动当地群众进行支援，使防务形

▲宋孝宗像

势逐渐好转。

完颜亮还不知道宋军士气已被虞允文提上来了，依旧以为宋军早已逃之夭夭，江南岸无兵把守，便于 11 月 8 日督兵过江。宋朝军队在虞允文的带领下，阻挡住了金军的一次次进攻。

金军打了几次败仗，开始害怕继续作战。此时金国的完颜雍已在辽阳称帝，为金世宗，废完颜亮为平头百姓，并杀死了完颜亮。金军只能撤退。

1163 年开始，宋朝的皇帝是宋孝宗赵眘（shèn），他是宋朝历史上有名的贤君。宋孝宗当政后，下诏为岳飞平反，这个举措极大地鼓舞了众武将和军士的士气。1163 年，宋孝宗组织将士发动了北伐，这次北伐虽然最终没有取得成功，但宋军乘机收复两淮地区。同时为了稳定内部，金世宗派人到南宋议和，宋、金又一次坐到了谈判桌上。

1164 年，宋朝和金国达成了新的和约，这次合议被称为"隆兴和议"。其具体内容为，金、宋两国皇帝以叔侄相称；改"岁贡"称"岁币"，白银 20 万两、绢 20 万匹；宋割唐（今河南唐河）、邓（今河南邓州东）、海（今江苏连云港）、泗（今江苏盱眙北）四州外，再割商（今陕西商县）、秦（今甘肃天水）两州给金。

隆兴和议之后，宋、金两国维持了近 40 年的和平。

南宋无相

宋、金关系稳定下来以后，南宋曾几次想北伐，但是最终都以失败告终。其中很重要的原因就包括南宋频出奸相。南宋第一个有名的奸相就是韩侂胄（tuō zhòu）。韩侂胄曾帮助过宋宁宗争夺皇位，因此很得宋宁宗的信任。宋宁宗登基后就将韩侂胄任命为宰相，韩侂胄凭借自己的手段渐渐控制了朝政。

为了彻底排除异己，韩侂胄假借学术之名，制造庆元党禁，将信仰理学的士大夫全部赶出权力中心。1200 年，韩侂胄见理学已构不成威胁，便解除了党禁。为了笼络士人，韩侂胄又借北伐的名义蛊惑人心。1206 年，韩侂胄鼓动宋宁宗贸然进行北伐，因为没有杰出的将帅统领，将士们平常又疏于训练，再加上宋军内部出了叛徒，北伐很快就遭到了失败。北伐的失败让韩侂胄成为众矢之的，金国又以杀韩侂胄

▲宋宁宗像 清·姚文瀚《历代帝王真像》

作为和谈的条件之一。

1207年，史弥远等伪造密旨，将韩侂胄杀死。从此之后开始了史弥远的专政时期。史弥远大权独揽，把朝政搞得天昏地暗。为了敛财，史弥远不仅让朋僚贿赂自己，还滥发纸币，导致物价飞涨，民不聊生。1224年，宋宁宗驾崩，史弥远扶持宋理宗上台。1234年左右，史弥远去世，宋理宗开始了短暂的改革。他清算了跟随史弥远的一帮奸臣，严惩贪官污吏等。在宋理宗的统治下，宋朝得到了一定程度的发展，这就是历史上有名的"端平更化"。但可惜的是，宋理宗任用了奸相贾似道，将改革的成果破坏殆尽。贾似道结党营私，排斥异己，表面上看着有才华，其实不能办事。由于他好斗蟋蟀，时人就称他为"蟋蟀宰相"。宋理宗去世后，宋度宗赵禥（qí）继位。贾似道继续把持朝政。他禁止别人把前线战事告诉宋度宗，结果襄阳、樊城被围3年后，宋度宗才辗转得知此事。

世界上第一部研究蟋蟀的专著

《促织经》是南宋贾似道所写的一部介绍蟋蟀的专著，古代人将蟋蟀称为"促织"。在宋代，斗蟋蟀活动十分活跃，当时的人极喜养斗蟋蟀，街上有专门的蟋蟀市场。贾似道就是一个著名的蟋蟀迷。他写的《促织经》共两卷，分论赋、论形、论色、决胜、论养、论斗、论病几部分，对蟋蟀的各个方面都进行了详尽的论述。

蒙古的崛起

就在南宋政权陷入水深火热之时，另一个劲敌正在悄然崛起，它就是蒙古。

蒙古国在成吉思汗的带领下日渐强大，他带领蒙古铁骑所向披靡，打得金国毫无还手之力。1232年，蒙古准备联合宋朝，灭掉金朝。金国害怕了，派人游说南宋皇帝宋理宗，说唇亡齿寒，宋朝不能参与夹击金国，否则蒙古灭了金国后，接下来就灭宋朝。但蒙古国承诺宋朝说，灭掉金国以后，蒙古国会把南宋丢失的土地归还南宋。

宋理宗心动了，决定联蒙灭金。1234年，金国都城蔡州被宋蒙联军攻陷，金国灭亡。金国灭亡以后，南宋有点飘飘然，想借机北上收复中原。1234年6月，南宋军队冒险北进，企图绕过蒙古军，悄悄地攻克洛阳。不料，此举被蒙古军发现，南宋军遭到了蒙古军队的伏

▲宋理宗像 清·姚文瀚《历代帝王真像》

击，不仅损失惨重，还失信于蒙古国，给蒙古国攻打南宋留下借口。宋蒙关系破裂，蒙古军开始借口频繁南下，攻打南宋。

1235年，蒙古军首次南侵，被南宋军击退。蒙古军并不甘心失败，又紧急发动两次南侵，很快就打到了长江北岸。南宋军奋勇作战，打败蒙古军，再一次挫败蒙古军下江南的企图。南宋军民又在抗蒙将领孟珙、余玠等人的指挥下，多次击败蒙古军队，使其不得不选择绕道而行。1259年农历二月，蒙古大汗蒙哥亲率军队出征，没想到在征战合州钓鱼城时，遇到南宋军队的坚决抵抗。蒙古军队发动多次进攻，在守将王坚的反抗下，均被击退。

1268年，蒙古大军从西部南下，发动了襄阳之战。南宋军经过6年抗战，最终，襄阳被蒙古大军重重包围。南宋朝廷多次派兵支援均被蒙古军打退，襄阳最后弹尽粮绝。襄阳守军于1273年被迫投降，导致南宋长江上游门户大开。

1275年，元（1271年忽必烈定国号为元）军攻克军事重镇安庆和池州，威逼建康，长江防线崩溃，朝野大震，各界都希望贾似道能亲自出征。南宋军人困马乏，贾似道率军出征依旧大败。贾似道兵败后，怕死，私自逃到扬州，引起了南宋军民的极大痛恨。很多人认为贾似道专权祸国，纷纷主张杀掉他，结果贾似道只是被贬。但他在赴任途中被监押官郑虎臣杀掉。同年，常州沦陷。不久平江（今苏州）也告沦陷。

1276年，临安城被元军攻克，宋恭帝赵㬎（xiǎn）被俘。南宋基本灭亡。不过广大的爱国军民没有投降，在南下的过程中，继续拼命抵抗。

崖山落日

宋恭帝被元军俘虏后,宋恭帝的弟弟赵昰(shì)和赵昺(bǐng)在大臣的保护下逃出临安。1276年,赵昰在福州继位,史称宋端宗。文天祥在陆地组织军民反抗元军侵犯。张世杰、陆秀夫等人护送赵昰和赵昺乘船南逃,和宋室在海上漂泊,成为流亡小朝廷。1278年春,小朝廷抵达广东雷州。但因为年幼体衰,加上劳碌奔波,年仅11岁的赵昰不久就去世了。陆秀夫与众臣拥戴赵昺为帝,继续反抗。

但在元军猛攻下,雷州很快失守。小朝廷紧急向南撤到崖山,但撤无可撤,再往前就是汪洋大海。元军在汉人将领张弘范带领下,紧追在后,对崖山发动了总攻。南宋军全线溃败,伤亡惨重。混战中,陆秀夫见无法突围,为了不使小皇帝落入元军手里受辱,情急之下,就背着8岁的小皇帝赵昺毅然决然地投海自尽。随行的十多万军民闻讯,异常绝望,但绝不偷生,也相继壮烈跳海自杀,以身殉国。战后,十余万具尸体漂浮在海面上,非常惨烈。余下的张世杰还想继续抵抗,希望以杨太后的名义找赵氏后人为主,再图后举。但杨太后在听闻小皇帝的死讯后,也赴海自杀。张世杰悲痛地将其葬在海边后,准备继续抵抗。可惜张世杰遭遇了台风,心灰意冷的他不愿躲避,投水溺亡,以身殉国。南宋最后的希望彻底破灭了。至此,南宋宣告彻底灭亡。

1279年，元朝统一全国，开始了新的历史篇章。

不过南宋灭亡以后，仍然有人坚持气节，不愿受异族统治。文天祥就是其中突出的代表。文天祥曾反复组织义军，在江西等地反抗蒙古人，但是势单力薄，不久便被元军打败，自己也被元军俘虏，被抓到大都（元朝的首都）。敌人威逼利诱，但是文天祥始终不投降，连敌人都赞叹他的骨气。文天祥留下的《过零丁洋》"自古人生谁无死，留取丹心照汗青"的诗句一直激励着后人。

文化高峰

除了宋代历史变迁之外，宋代的文化科技成就特别值得我们关注。著名的历史学家陈寅恪认为，中国的传统文化在宋代最为发达。当时中国的儒学、文学、书画、陶瓷、火器、印刷术等等，都在世界上处于领先地位。

在儒学方面，宋朝诞生了著名的理学思潮，推动了儒家文化的发展。理学的代表人物是朱熹和陆九渊。朱熹认为：天下万物的本源是"理"；天理和人欲是相对的，人为了接近天理，应当存天理灭人欲，清心寡欲；要想理解天理，就应该通过"格物致知"的修行方法，逐渐领悟；为了彰显天理，人们应该坚守气节，不能被利益诱惑，要服从三纲五常。陆九渊也认同"理"是天地万物的本源，但是在修行方法上不同意朱熹的意见。陆九渊认为，"我的心就是理。宇宙就在我的心里，我的心就是宇宙"，主张通过顿悟的方式达到理学的境界。这两种理学主张，对后世影响很大。其中陆九渊一派，到明代被王阳明继承发扬，演变成"心学"。此外，受理学的影响，追求舍生取义、重义轻利和爱国牺牲的气节精神，在南宋蔚然成风，对元朝、明朝乃至清朝的社会风气产生了很大的影响。

在文学方面，继唐诗以后，宋词的发展达到顶峰。很多著名的宋代文学家都是写词高手，比如，大家熟知的苏轼、黄庭坚、陆游、李清照、柳永、秦观等等。连名将岳飞和韩世忠都是填词高手。宋词大体分为两派，一派是以苏轼、辛弃疾为代表的豪放派，风格豪迈粗犷，慷慨悲壮，多体现家国情怀。例如苏轼的《念奴娇·赤壁怀古》，抒发了作者对昔日英雄事迹的无限缅怀，以及对自我坎坷命运的感慨：

念奴娇·赤壁怀古

大江东去，浪淘尽，千古风流人物。故垒西边，人道是，三国周郎赤壁。乱石穿空，惊涛拍岸，卷起千堆雪。江山如画，一时多少豪杰。

遥想公瑾当年，小乔初嫁了，雄姿英发。羽扇纶巾，谈笑间，樯橹灰飞烟灭。故国神游，多情应笑我，早生华发。人生如梦，一樽还酹江月。

另一派是以柳永、李清照为代表的婉约派，风格柔婉清丽，多抒发个人的情感爱好。例如李清照的《如梦令》，抒发了自己青少年时期的欢快生活：

如梦令

常记溪亭日暮，沉醉不知归路。兴尽晚回舟，误入藕花深处，争渡，争渡，惊起一滩鸥鹭。

在书画方面，宋代的花鸟画、山水画和世俗画堪称中国书画史上的一绝。花鸟画以宋徽宗最为有名，代表作有《芙蓉锦鸡图》；山水画以范宽的《溪山行旅图》为代表；举世闻名的《清明上河图》，就是世俗画的突出代表。除了绘画，宋代的书法也非常重要。两宋产生了书法四大家——苏轼、黄庭坚、米芾、蔡襄。苏轼擅长行书和楷书，讲究自然旷达；黄庭坚擅长行书和草书，尤其是草书的成就最为突出；米芾的行书成就影响后世最大；蔡襄擅长楷书，浑厚端庄，自成一体。本来蔡京的书法也很好，但是作为奸相，名声太臭，士大夫和老百姓都不愿意将他列入书法家之中。此外，书画双绝的宋徽宗也是书法家，他创造的"瘦金体"，笔力瘦劲奇崛，举世闻名。

在瓷器上，宋代成就最高，出现了五大有名的瓷器制造场：官窑、汝窑、哥窑、定窑、钧窑。五大名窑烧制的瓷器各有特色，均是瓷器中的精品，例如哥窑的"冰裂纹"瓷器，深受文人墨客的喜爱；汝窑的红釉瓷器，天下无双，非常珍贵。

在科学技术上，北宋毕昇发明了活字印刷术，领先欧洲近400年；宋朝在战争中，又发明和改进了火药，创造了"霹雳炮"、突火枪、火箭等先进的火器，大量应用到战场上，推动了军事技术的革新和传播，后来传到欧洲，引起了欧洲的社会革命；在医学上，南宋的宋慈写了一部《洗冤集录》，是世界上最早的一部较完整的法医学著作；在航海方面，宋朝发明了桨轮船，不仅速度快，而且体积大，成为宋朝水师的克敌法宝，也是宋朝推动对外航海贸易非常有力的工具。

▲宋·赵佶《芙蓉锦鸡图》

北宋范中立《溪山行旅
图》

▶ 宋·范宽《溪山行旅图》

历史事件

辽

契丹崛起

辽国是由北方的契丹族建立的。契丹的起源有个美丽的传说，在很久很久以前，有一个骑白马的神仙和一个乘青牛的仙女，在河边相遇，然后结为夫妻，生了8个儿子，形成了8个部落，他们就是契丹的祖先。实际上契丹源于东胡鲜卑，早期是个游牧民族，在唐代就已经受中原王朝管理。武则天时期，幽州刺史对契丹族横征暴敛，逼反了部分契丹人，契丹人开始有了独立的念头。唐玄宗时期，奸臣安禄山又残杀契丹人，使契丹人不愿再效忠唐朝。安史之乱后，唐王朝由盛而衰，契丹受到的束缚进一步减轻，渐渐开始壮大，不过仍处于松散的部落联盟状态。

契丹的首领耶律阿保机趁中原内乱，冶铁治兵，发展生产，镇压了内部三次诸弟之乱。阿保机不像以往的首领手足相残，他宅心仁厚地宽容了造反的弟弟们。他用自己的智慧和武力打败了其他部落，又征服了附近的其他弱小民族，赢得了众人的拥戴，获得了大量的人马和土地，迅速壮大了实力，公元907年统一契丹各部，成为可汗。公元916年，耶律阿保机模仿中原，建立契丹国，即皇帝位，史称"辽太祖"，他终于将松散的部落联盟变成真正的国家。"契丹"两字被解释为"镔铁"，比喻契丹人像铁一样坚硬刚强。

辽太祖积极发展生产，安定民众。他收留了因战乱流亡的民众，在草原上建立了城郭安置他们。他任用汉人辅助自己处理政务，吸收汉族的先进文化技术。公元920年，辽太祖创制了契丹文字并大力推行。在军事方面，他于公元925年东征渤海国，将契丹国的势力扩大到东部。辽太祖一直有南征中原的意图，但攻灭渤海国后便病倒了。在强硬的述律皇后的支持下，辽太祖的二儿子耶律德光继位，是为辽太宗。但是朝中实际掌权的是述律皇太后，她总揽朝政，杀了几百个反对她的政敌，稳定了政权后，开始与辽太宗南下作战，扩大领土。

幽云十六州

公元 936 年，后唐发生内乱，河东节度使石敬瑭想"浑水摸鱼"，于是卑躬屈膝，以自称"儿皇帝"，认比自己小 10 岁的辽太宗为干爹，并割让幽云十六州为条件，请求契丹国发兵攻打后唐。于是辽太宗亲率 5 万骑兵，迅速南下，击败后唐军队，协助石敬瑭灭掉后唐，建立后晋。到了公元 944 年，后晋的皇帝石重贵想独立自主，不愿意再向契丹国臣服，惹怒了契丹人。愤怒的辽太宗趁机率领大军南下，攻克了后晋首都开封，夺取了北方的很多土地，大胜而归，声威远播。

契丹国获得幽云十六州后，非常高兴。要知道幽云十六州从东到西，延绵很长，而且地势险要，易守难攻。拥有了幽云十六州后，契丹人就可以依靠天险，以逸待劳，实力弱的时候可以抵御中原人北伐，实力强的时候就可以南下侵略。而从此失掉了北方天险的宋朝，门户洞开，经常被北方游牧民族南下入侵，因为没有地利优势，再加上制度弊端，连吃败仗。后来中原王朝屡次北伐，往往在关键时刻，在幽云十六州被挡住，最后导致北伐都失败了。因此，石敬瑭长期受到中原汉族的痛骂，在历史上成为卖国贼的代名词。

辽太宗死后，公元 947 年，耶律阮在将领们的拥戴下继位，是为辽世宗。但太后不喜欢耶律阮，想让自己的三儿子耶律李胡当皇帝。

可是耶律李胡有勇无谋，胸无大志，还残暴好杀，不被众人喜欢。两方为了皇位打了起来，最后通过议和，耶律阮赢了。在威逼利诱之下，太后不得不承认耶律阮的皇位。

辽世宗在位期间，多次对中原用兵，想一统中原。可是辽世宗被贵族的多次叛乱搞得很头疼，虽然几次平叛成功，但是因为轻信奸佞，最终死于非命。

公元949年，萧翰联络明王耶律安端谋叛。耶律安端的儿子耶律察割很狡猾，想出卖自己的父亲，然后趁机获得兵权，谋逆称帝。他假装痛哭流涕地揭发父亲的罪行，骗得了辽世宗的信任。察割留在了朝中，为以后埋下了隐患。察割表面一套、背后一套，偷偷谋划着篡夺皇位的阴谋，但这没有逃过名臣耶律屋质的眼睛。耶律屋质向辽世宗汇报，让他不要轻信察割。在耶律屋质再次劝说其采取措施时，辽世宗却说："察割舍弃父亲而辅佐我，不会有什么事的。"

公元951年，辽世宗在攻打后周的时候，有一次祭祀后摆宴，与群臣喝了个大醉。早已心怀叵测的耶律察割趁夜带兵冲到辽世宗的营帐中，将他杀死在了睡梦中。

儿皇帝

五代时，石敬瑭借辽太宗耶律德光之力建立后晋，与其他政权抗衡。他虽为皇帝，仍向契丹称臣，石敬瑭虽然比耶律德光年长10岁，却称耶律德光为父，自称"儿皇帝"。后世把此叫法作为"叛臣"的代称。

神完景肖

▲五代后唐·胡瓌《番部卓歇图》。胡瓌，五代时期后唐人，山后契丹乌索固部落人，擅绘北方游牧民族牧马、出猎等生活场景

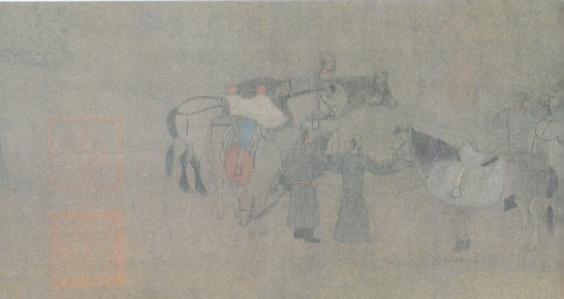

南北战和

公元 951 年，耶律察割杀掉辽世宗，自行称帝，引起了皇室的不满。辽太宗的儿子璟起兵反抗，率兵杀死耶律察割后，被立为皇帝，即辽穆宗。辽穆宗前期，朝廷内部不稳，上下离心离德。下面的大臣，经常发生叛乱或南奔中原的事件。为了改变政局动荡不安的局面，辽穆宗停止了以往一贯执行的南伐政策，开始休养生息，并与南唐、北汉联合，对抗逐渐强盛的后周。

公元 959 年，后周举兵北伐，声势浩大。辽国宁州刺史王洪见到后周兵强马壮，立即开城投降。后周接着顺利地攻克益津关、瓦桥关，附近的州县官吏闻风投降，后周军势如破竹。当时后周世宗柴荣欲一鼓作气，直取幽州，吓得契丹人一度想放弃幽云十六州。可惜周世宗因为重病而南返，功败垂成。辽军加强了防御，一时不敢南下。

这本是辽国休养生息的绝好机会，但是辽国的皇帝不争气，

▲周世宗柴荣像

经常酗酒，总是醉醺醺的，精神倦怠，长期不理朝政，被国人称为"睡王"。更可怕的是，"睡王"除了喜欢喝酒，还喜好杀戮，经常借着醉酒残杀左右的侍卫，让宫中之人心惊胆战。"睡王"还迷恋打猎，有时候几个月不上朝，去四处打猎，连大臣都找不到他。公元969年农历二月，再次醉酒的辽穆宗威胁要杀死左右的侍卫。被逼急了的侍卫联

▲辽代壁画《备猎图》

合厨子和端尿盆的，在晚上一起杀死了辽穆宗。辽穆宗死于非命后，大家推举相对宽宏的耶律贤为帝，即辽景宗。

辽景宗勤于政事，重用贤臣，使辽国的政治开始清明起来。对内，他为政宽和，恩威并施，所以谋乱者少，社会比较稳定；对外，辽景宗选择与宋朝和睦相处，不再频繁南下打仗。辽景宗前期，辽国与北宋使臣往还，互贺节日，可和平局面不久就被宋朝打破。宋太宗赵光义统一江南后，在没有充分了解敌情的情况下，听信极少数人的意见，于公元979年亲征北汉。辽国就派数万兵，前去支援北汉。宋军最初进展顺利，在白马岭大败辽军。失去后援的北汉，被迫降宋。宋军想趁机一鼓作气，收复幽云十六州，很快打到幽州城下。在此危急时刻，辽国改变了战略，派名臣韩德让集合重兵，坚守幽蓟，又派耶律休哥、耶律斜轸等名将率主力驰援。辽军以骑兵为主，速度快，很快赶到，不仅解了宋军的包围，还准备反包围，最后与宋军大战于高梁河。辽军成功两面夹击宋军，宋军大败而逃。后来由于辽景宗体弱多病，无法上朝，就把军国大事交给皇后萧绰协助处理。

女主萧后

公元982年辽景宗病逝，辽圣宗继位，尊萧绰为皇太后，并由萧太后摄政。皇帝年幼，外戚势单力薄，孤儿寡母非常危险。诸王宗室200余人拥兵自重，控制朝廷，对萧太后及辽圣宗形成了莫大的威胁。但萧太后绝非无能的女流之辈，是有绝佳的治国才能之人。她重用大臣耶律斜轸、韩德让，共商国家大事；她委派耶律休哥处理南边的军事，又撤换了一批大臣，并设法解除了契丹贵族大臣的兵权，消除了叛乱的萌芽。通过这些行动，辽圣宗和萧太后的地位才稳定下来。萧太后摄政20多年，励精图治，注重农桑，兴修水利，减少赋税，整顿吏治，训练军队，使辽国百姓富裕，国势强盛。

辽圣宗亲政后，辽国进入鼎盛时期，他基本上延续萧太后执政时的政策，反对严刑峻法，并且大力治理贪污腐败。在文教方面，辽圣宗实行科举制，发展佛教。辽圣宗在位期间东征西讨，对宋战争屡屡获胜。

公元1004年，为了解决辽宋之间的长期对抗，稳固皇权，萧太后与辽圣宗亲率大军，南下攻宋。辽军的骑兵很快打到澶州城下。宋真宗害怕了，想迁都往南逃，被宰相寇準力争劝阻，才不情愿地御驾亲征，到澶州前线督战。宋军因此士气大振，击败辽军前锋，并用床子弩射杀辽将萧挞凛，大挫辽军的士气。辽军害怕腹背受敌，于是主动提出和谈。双方签订了澶渊之盟，约为兄弟，以后各守疆界，互不骚扰，和平相处。从此两国和好达120年之久，边境日趋繁荣。为了防止宋朝反悔，再度北伐，辽圣宗又结好西夏，牵制北宋。西夏也摇摆于宋、辽之间，形成辽、宋、西夏三足鼎立的局势。

由盛转衰

公元 1031 年辽圣宗去世，长子耶律宗真继位，即辽兴宗。辽兴宗的生母自认为很有治国的才能，觉得自己的儿子治国不行，就威逼朝臣立自己为皇太后，并摄政。她为了稳固权力，滥用自己的亲戚和善于阿谀奉承的贪官污吏，还把辽兴宗的养母迫害致死。辽兴宗看在眼里，恨在心里，但是因为没有实权，只能隐忍不发，母子因此结怨。皇太后看出了辽兴宗对自己心怀不满，打算废掉他，然后改立二儿子耶律宗元为帝。耶律宗元是个善良的人，把此事告诉了大哥辽兴宗，这彻底激怒了辽兴宗。辽兴宗怒不可遏，用武力废黜皇太后，并大杀太后亲信。从此，辽兴宗开始亲政。

辽兴宗在位时，辽国的国势已经开始衰落。朝野上下奸佞当道，政治腐败，百姓困苦，军队的战斗力也大大减弱。辽兴宗作为一国之君，本应该振作起来，大力改革。可是昏庸的辽兴宗却装作看不见，而且穷兵黩武。辽军连年征战，先是打西夏，然后打北宋，想逼迫他们缴纳更多的岁币，结果接连失败。连年用兵，不仅让官兵厌战，更加重了百姓的负担，使辽国百姓怨声载道，民不聊生。

辽兴宗还迷信佛教，喜欢赌博，曾因跟臣子赌博输了几个城池，却不在乎，简直视国家大事如儿戏。他对帮助过自己的弟弟耶律宗元非常感激，一次酒醉时答应自己死后传位给弟弟，可酒醒后就不认账了。耶律宗元父子感觉皇帝在欺骗他们，心里很愤怒，这为他们谋夺帝位埋下了伏笔。

辽兴宗死后，他的儿子耶律洪基继位，是为辽道宗。公元 1063 年，耶律宗元听从儿子的劝说，发动叛乱，自立为帝，但不久被辽道宗打

▲辽代壁画

败。事后，耶律宗元被逼自尽，辽道宗坐稳了皇位。可辽道宗在治国方面和他的老爹没什么区别，甚至不如他爹。辽道宗非但没有反思进取、改革图新，反而变本加厉，腐朽奢侈，放任贵族剥削农民，加剧了国内的矛盾。地主官僚掀起了兼并土地的狂潮，导致贫者无立锥之地。百姓痛苦不堪，怨声载道。想活命的百姓，被逼得纷纷起义反抗。

辽道宗为了方便吃喝玩乐，将朝政交给耶律乙辛等奸臣打理。皇后劝皇帝远离耶律乙辛等奸臣，振作起来，这引起了奸臣们的恐慌。奸臣造谣皇后与伶官通奸，不辨是非的辽道宗一怒之下就赐死了皇后。弄死了皇后之后，耶律乙辛知道太子怨恨自己，为了防止太子登基对自己不利，就继续陷害太子，造谣说太子想杀掉辽道宗，提前登基，于是昏庸的辽道宗又将太子杀害，成为举世闻名的大冤案。后来民间一位姓李的妇女，向辽道宗说明了冤案的前因后果，辽道宗才明白太子是冤枉的，悔恨不已，于是，把太子的儿女接进宫抚养。

然而耶律乙辛杀红了眼，想乘辽道宗打猎的空当斩草除根，谋害皇孙耶律延禧。大臣及时禀告，辽道宗大呼上当，终于接受大臣的劝谏，命皇孙一同秋猎，才使耶律延禧化险为夷。耶律乙辛见东窗事发，害怕早晚被处死，就企图带着私藏的武器到宋朝避难，结果还没有跑到就被抓住，被辽道宗杀死。整个辽道宗一朝，内斗相当疯狂，天昏地暗，严重削弱了辽国的国力。

走向灭亡

公元 1101 年，辽道宗去世，皇孙耶律延禧继位，即天祚帝，辽国最后一位皇帝。当时西夏受到北宋攻击，一再向辽求援，并求娶天祚帝的女儿为妻。唇亡齿寒，天祚帝同意和亲，并派使者赴宋，劝北宋与西夏和谈。

外部危机的同时，辽国内部的女真族开始反抗辽国的残暴统治。公元 1112 年，天祚帝召集女真族的酋长来朝，宴席中醉酒后，令诸位酋长像女子一样跳舞助兴。完颜阿骨打认为这是莫大的羞辱，对天祚帝说："我不跳。"从此完颜阿骨打与辽国的矛盾越闹越大。

完颜阿骨打不再奉诏，并开始对其他不服从他的女真部落用兵，最终统一了女真部落，战斗力非常强悍。公元 1114 年，完颜阿骨打正式起兵反辽。一开始，天祚帝并未将完颜阿骨打当回事，仅派少量官兵前去攻打，但是所有他派去镇压完颜阿骨打的军队全部战败。辽国开始意识到事态的严重。公元 1115 年，天祚帝为了解决女真族的威胁，决定亲征，但所到之处均被女真军击败。与此同时，辽国国内也四处发生叛乱和反抗，搅得人心惶惶。

公元 1115 年，完颜阿骨打正式建国称帝，定国号金，定都会宁（今黑龙江哈尔滨阿城区南）。之所以叫"金"，是因为女真人认为契丹人是铁，但是会生锈，金子就不会生锈，金比契丹优秀。同年秋天，金军势如破竹，以少胜多攻下辽国黄龙府。辽军大败，损失惨重。此后位于原渤海国的东京，也发生叛乱，一直到公元 1116 年四月才被平定。五月，女真借机占领了辽东京和沈州。

公元 1120 年，金军攻克辽上京，守将投降，到公元 1121 年辽国已经失去一半的领土。辽国内部因为皇位继承问题爆发了内乱，让很多契丹人觉得复国无望，纷纷投降金朝。公元 1122 年正月，金军攻克辽中京，天祚帝被金兵追得没有办法，跑到一个叫夹山的隐秘地方藏了起来，再也不管辽军的抵抗情况，导致辽军群龙无首。

驻守辽南京的耶律大石等人找不到天祚帝，情急之下拥立耶律淳为帝，即天锡帝，但他不久病死。天锡帝的妻子辽德妃暂时摄政。辽国的一个臣子李处温觉得前景不妙，打算向南私通北宋的童贯，劫持辽德妃，向北宋投降。结果他们的行径被发觉了，被及时制止。叛徒被赐死，可辽国形势依旧非常危急混乱。辽德妃 5 次上表给金朝，只要允许立耶律定为辽帝，其他条件均可答应。金人不许，坚决要灭辽。她只好派兵死守居庸关，可势单力薄的辽军最终没有坚守成功。十一月，居庸关失守，十二月，辽南京被攻破，辽德妃只好带着随从的官员，去投靠天祚帝。天祚帝认为自己还没死，辽德妃那些人就另立皇帝，非常生气，让人杀死了辽德妃，但觉得耶律大石有勇有谋，就放过了大石。

与此同时，金军继续追击天祚帝，终于找到了他的下落。公元 1125 年，天祚帝在应州被金人俘虏，后被解送到金上京。公元 1128 年，天祚帝病故。

余部续国

天祚帝被俘虏后，辽国大将耶律大石不甘国家灭亡，在西北召集残部，控制了蒙古高原和新疆东部一带。公元1130年，由于受到金军的连续重兵追击，耶律大石决定放弃蒙古高原，率部西征，打败了附近不少部落，终于为受尽屈辱的契丹人找到了安身立命之所。公元1132年，耶律大石称帝，再次建立辽国，史称"西辽"，首都虎思斡耳朵。

耶律大石善于治国，任用贤明，多用汉法治国，积极发展生产，操练兵马，实力发展得很快。西辽曾一度扩张到中亚，成为中亚强国。

▲康国元宝，西辽国耶律大石年号钱

公元1143年耶律大石去世后，西辽又经历70多年的和平时期。后来西辽的最后一位皇帝古尔汗，接纳并重用了被蒙古打败的乃蛮人屈出律，结果却是引狼入室。屈出律想自己当皇帝，就私下勾结花剌子模，逼古尔汗让位，夺取了西辽政权。但好景不长，公元1218

年，屈出律被成吉思汗的大将哲别打败，导致西辽灭国。西辽一共存在了将近 90 年，推动了中原文化的向西发展。

在东边，公元 1212 年，辽国宗室耶律留哥起兵反抗金朝，不久称王，也复建辽国，史称"东辽"。但东辽没有西辽的运气好。东辽不少的契丹贵族不断地自相残杀，严重削弱了自身实力。与此同时，漠北的蒙古崛起，打得东辽落花流水。势单力薄的耶律留哥考察了形势的变化后，选择了归附蒙古帝国，成了他们下边的藩属。但公元 1270 年元世祖宣布撤藩后，东辽就灭亡了。以后的历史上就再也没有辽人或者契丹人的称呼了。契丹人散落在中华大地，改名换姓。据说今天东北的达斡尔族和云南的"本人"，就是契丹人的后代。

历史事件

金

反辽建国

金朝由东北地区的女真人中的完颜部落所建立。女真人早期以渔猎为生，进入五代时期，以完颜部为代表的女真人因为实力弱小，最初臣服于契丹人。女真人生活在白山黑水地带，擅长骑射，英勇善战。据说人数达到 1 万的女真人，就可以天下无敌。契丹人为了防止女真人聚集和强大，对他们实行分而治之的策略。

契丹人把女真人中的强大部落骗到辽东半岛，编入契丹国籍，让他们当兵打仗，或者去干苦力。这些人是交税的，就被叫作"熟女真"；另一部分生活在东北更偏远的地方，不交税，叫作"生女真"。完颜部就出自"生女真"群体。

公元 11 世纪初，女真社会发展有了显著的进步，开始了冶铁、农耕、建筑、造舟等。随着实力的增强，完颜部开始操练兵马，征服和吞并附近的弱小部落，组成部落联盟，但是联盟内部不是十分团结和巩固。大家为了争当联盟首长，获得更多的利益，内部经常互相残杀。

当完颜部出了一个叫完颜阿骨打的英雄后，女真各部从分散开始走向统一。完颜阿骨打从小就是神箭手，百步穿杨，箭无虚发，是个杰出的战士。完颜阿骨打心肠很好，有一年当地遭遇了旱灾，收成不好，不少女真人为了活命，或者去卖儿卖女，或者被逼急了去偷盗抢劫。阿骨打的手下抓住盗贼，想杀一儆百。阿骨打急忙制止，语重心长地说："不要杀他们，他们也是被逼无奈。从现在开始三年不征税，等收成好了以后再说吧。抓住的人，教育教育，就赶紧放了吧，不要杀他们。"贫苦的女真人和盗贼听说后，非常感动，纷纷前来投奔他。完颜阿骨打的实力因此逐渐壮大。阿骨打足智多谋，英勇善战，很会用兵，通过艰苦奋斗，东征西讨，最终统一了女真各部。

恰在此时，辽国朝政混乱，天祚帝昏庸无能，不停地向女真人索求贡品，鱼肉女真百姓，这激起了女真人的反抗。女真人都希望出现一个英雄，带领他们反抗辽国的残暴统治，独立自主，过上好日子。公元 1112 年，辽国天祚帝在长春聚会的时候，对女真各部酋长随意侮辱，使完颜阿骨打非常生气，下决心反抗辽国的腐朽统治。

公元 1114 年农历九月，完颜阿骨打征集女真各部，誓师出击，开始了为期 10 年的伐辽战争。女真军队首战告捷，在宁江和出河店之战中击败辽军。趁着胜利，公元 1115 年，完颜阿骨打正式称帝，国号大金，是为金太祖。辽国天祚帝才开始重视此事，并且御驾亲征，但是很快被女真军击败。

金军乘胜追击，兵分两路，展开灭辽之战。公元 1116 年，金军东路军攻占辽国东京辽阳府，公元 1120 年西路军攻陷辽国上京，使辽国失去一半的土地。战事期间，北宋陆续派使者与金国定下"海上之盟"，联合攻打辽国。辽国腹背受敌，灭亡只是时间早晚的问题。

公元 1122 年，金军东路军攻下辽国中京，迫使天祚帝往西逃到沙漠。同时金军西路军也攻下辽国西京大同府，辽军仓皇而逃。辽国大

▲金太祖完颜阿骨打像

将耶律大石在混乱中找不到天祚帝，就在南京拥立耶律淳为帝，建立了短暂的北辽。此时北宋趁此混乱之机，派童贯等人多次率军攻打辽国南京，想收复梦寐以求的幽云十六州，但是战斗力太差，反而被辽军击溃。无能的北宋不得已央求金军攻下辽南京。金军嘲笑北宋："你们连个落水狗都打不赢，太弱了！"强悍的金军一出兵，就在很短的时间内将耶律大石打得落花流水，灭掉北辽。至此，辽国五京均被金军攻下，辽国基本宣告灭亡。战后，宋、金双方经过协商后，共同瓜分辽国的土地。金军虽然答应给北宋幽云十六州的部分城市，却将里面的人口和财物洗劫一空，使软弱的北宋只获得了一座座空城。经过此战，金军看破了宋军的软弱，激起了南下灭宋的野心。

公元1123年，金太祖去世，其弟完颜晟（女真名吴乞买）继位，即金太宗。金太宗继续追击辽国余部，一定要抓住天祚帝。公元1125年，辽天祚帝终于被金军俘虏，辽国宣告灭亡。

宋金之战

金国灭辽以后，便准备南下灭宋。金太宗以北宋私下收留辽国将领、违背双方的协议为由，于公元1125年南下发动对宋战争。金太宗兵分两路，势如破竹，一直打到北宋首都开封边上。北宋急忙组织军队阻击，尤其在宋朝将领李纲的严防死守下，金军发现暂时无法攻克开封，就假意撤军，与宋朝议和，准备过段时间再次南下灭宋。

一年后，金太宗再次以宋朝毁约背盟为由，派名将完颜宗望、完颜宗弼（金兀术）统领大军兵分两路，与宋朝内奸里应外合，于公元1127年攻陷北宋首都开封城，俘虏了宋徽宗、宋钦宗以及大批皇室宗亲和朝臣，史称"靖康之变"，宣告北宋灭亡。宋康王赵构因当时不在开封，逃过一劫，在南京应天府被人拥戴称帝，重建宋朝，是为宋高宗，开启了南宋时期。

金国灭了北宋后，为了统治新占领的汉族地区，选择了以汉制汉的策略，先后建立张楚与刘齐等傀儡国，间接进行统治，并且多次派完颜宗弼追杀四处逃跑的宋高宗。残暴的金军，最终引起宋朝官民的齐心抵抗。在岳飞、韩世忠等带领的军民的努力和战斗下，屡次打败南下的金军，使南宋转危为安。金国发现无力灭掉南宋，转而议和，先是迫使南宋称臣，又让西夏、高丽等弱小政权臣服，一时声势浩大。

▲金·杨微《二骏图卷》，描绘了女真驯马手套马的惊心动魄的场面

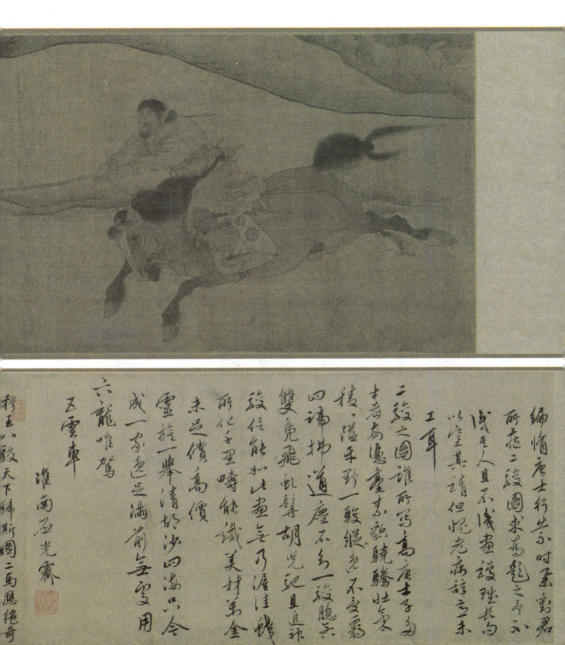

編情唐士行些不时采弱君
所抱二骏圖求者為寇之矛六
俄之人且不復畫骏蹕长句
以窒其请但恍老病辞三未
王耳

二骏之圖谁所寫為唐士于多
士君安憂塵素顥骁騰壮宋
稜、臨乎珍一骏鬃勉不变霜
四蹄拂道塵不亏一骏臆真
雙兔飛电驊胡児池且進神
骏信能加此盡亡乃渥佳战
所化千里疇能织美材苐金
末品價高價
靈旋一舉清於沙四海只今
成一家迺逼滿前无变用
六龍唯駕
五雲車
　　　　淮南石光霁

穆王八駿天下稀斯圖二馬應絕奇

公元 1135 年，金太宗去世，由金太祖的孙子完颜亶（dǎn）继位，即金熙宗。当时朝内主要分成主战派与主和派，最初主战派占了上风。公元 1137 年，金熙宗听从主和派的意见，打算与宋高宗、秦桧议和。不过此举引起了完颜宗弼等大将的坚决反对。割让河南、陕西之地让将领们非常不满，最后完颜宗弼发动朝臣逼金熙宗转向主战。公元 1140 年，完颜宗弼率军南下，再次攻下河南、陕西。隔年，完颜宗弼再度南征，但被岳飞与刘锜击败。岳飞于郾城之战后，再度北伐，很快逼近汴京。完颜宗弼害怕岳飞北伐，就开始主张宋、金议和，但前提是要宋高宗和秦桧杀死岳飞。公元 1141 年，宋高宗和秦桧迫不及待地答应金人的议和条件，岳飞被解除兵权后，宋、金签订"绍兴和议"。岳飞被杀后，金人除掉了心头大患，喝酒祝贺，而宋高宗和奸相秦桧也就留下了千古骂名。至此，金、宋边界基本确定。

金熙宗自幼熟读中原典籍，可以写诗作赋，被汉化得很深，登基后在国内重用汉人，推动金国的汉化改革。在政治上，金国官制模仿宋朝，建立了以尚书省为中心的三省制，政治相对稳定。但金熙宗有心理疾患，以前受功臣与皇后的控制，被过度压抑，心情长期抑郁，后期并不喜欢打理朝政，到了晚年喜欢酗酒，喜怒无常，而且酒后滥杀无辜。他的皇后、弟弟以及很多妃嫔、大臣，都被他酒后杀死。最后金国贵族忍无可忍，于公元 1149 年在完颜亮的带领下，合谋将其杀死。完颜亮称帝，史称"海陵王"。

完颜亮称帝后，将首都迁至燕京（今天的北京），整顿吏治，完善财政制度，大力推行汉化，加强中央集权，积极操练军马，增强了金国的实力和中央集权。

不过完颜亮为人残暴好色，曾对别人说："我有三个志向。第一，我要掌握国家大权，让全天下听我号令；第二，就是讨伐远方的逆贼，把作乱的头子抓到面前问罪；第三，搜罗天下的绝色美女，供我享用。"完颜亮猜疑心也很重，担心宗室合起伙来谋反，就打算先下手为强，把金太宗的后代以及对自己有威胁的宗室杀戮殆尽，残杀将近200人。金国贵族敢怒不敢言。为了显示自己的雄才大略，完颜亮不顾大臣的反对，执意南征。对于反对自己南下伐宋的后妃、臣子，疯狂的完颜亮六亲不认，也一概杀掉，吓得大家谁都不敢反对了。公元1161年，完颜亮主动撕毁"绍兴和议"，率军南下，准备灭宋。南宋看到完颜亮来势汹汹，也积极备战。

很快，完颜亮率大军，兵分四路南下征宋，刚开始进展顺利，但是打到长江北岸时，被虞允文率领宋军打败。此时，完颜亮后院失火，西北契丹族叛变，镇守东京辽阳府的完颜雍自立为帝，并移居燕京，史称"金世宗"。金世宗废掉完颜亮，下令金军讨伐并杀死完颜亮这个逆贼。在这种危急时刻，完颜亮意图移师扬州强渡长江，但遭到部下大力反对。完颜亮不甘心失败，强令部下渡江。部将不愿意轻易送死，合起伙来发动兵变，杀死完颜亮。宋军趁机收复淮南地区，此后金国不再有灭宋之举。

盛极而衰

金世宗继位后，停止南征灭宋之举，开始改善国内状况。金世宗本人十分好学，作风简朴，非常节俭，基本不穿华丽的服装，不吃珍馐美味，个人修养很高，对内提倡儒学，惩办贪官污吏，轻徭薄赋，救济赈灾。金世宗心胸豁达，不再像之前的暴君一样残杀宗室，得到了女真贵族的拥护。为了争取汉族贵族支持，他又利用科举、学校教育等制度，提拔重用汉族士人，稳定了金国的统治，使金国的经济、文化都得到了一定程度的恢复和发展。他让百姓过上了富足的生活，天下安定，受到老百姓和后世史家的赞誉。对外，金世宗除了抵御南宋北伐，还出兵威震西夏、高丽，使这两国臣服金朝。

金世宗是历代帝王中少见的痴情男儿。他与发妻乌林答氏青梅竹马，举案齐眉，不离不弃，是对模范夫妻。在称帝之前，金世宗在黑暗的政治斗争夹缝中生存，十分艰辛。妻子乌林答氏深爱自己的丈夫，始终陪在金世宗身边，同甘苦，共患难，几次帮金世宗出主意化险为夷。夫妻相濡以沫几十年，非常恩爱。到了完颜亮时期，夫妻俩被硬生生地拆散了。完颜亮垂涎乌林答氏的美色，威胁金世宗不把妻子送到宫中就杀死他。为了保护自己的丈夫，乌林答氏被迫答应入宫。乌林答氏是个烈女子，自知羊入虎口的结局，不愿意受到侮辱，就在途中自杀身亡。

失掉爱妻的金世宗，面对完颜亮的步步紧逼，终于彻底反了，最后成功杀掉完颜亮，成为金国皇帝。虽然做了皇帝，但金世宗始终对自己的妻子念念不忘，一生之中再也没有立过皇后。公元1174年，金世宗来到了他们儿时经常玩耍的荷塘边，刹那间想起了乌林答氏，心情久久不能平静。不久，这里便长出了两棵树，相依相偎，好像金世宗和乌林答氏的爱情。这两棵树被后人叫作"相思树"。

公元1189年，金世宗病逝后，金章宗继位。金章宗推崇儒家思想，十分重视文化教育，强力推行汉化措施。金章宗本身就能写一手好字。然而他任用奸佞处理政务，导致官员贪污腐败，使金章宗后期的政风逐渐败坏，国势开始衰退。

金国的军事实力下滑，北方蒙古诸部兴起。金章宗害怕蒙古强大起来，曾派兵至蒙古减丁，并且挑动蒙古部落的内部矛盾，诱使蒙古各部互相残杀，但收效不大，反而激起了蒙古人的强烈反抗，为成吉思汗的崛起提供了机会。

南宋权臣韩侂胄（tuō zhòu）见金国的国势有所衰退，于公元1206年发动北伐。宋军最初一度收复淮北地区，但没想到镇守蜀地的吴曦投降金国，一下子打乱了宋军的计划，接连被金军打败。金兵趁机直逼长江，并且围攻襄阳。四川的军民痛恨投降派，杀掉汉奸吴曦，将四川复归南宋。至此，宋、金双方都基本上没有力气再打下去，有意和谈。韩侂胄最后在金朝对南宋的要求下被杀，双方于公元1208年议和。公元1208年，金章宗去世，平庸的完颜永济继位，是为卫绍王。

卢沟桥

卢沟桥始建于金大定二十九年（1189）六月，明昌三年（1192）三月修建完成。1153年，金朝定都燕京之后，这座桥成为南方各地进京的必经之路和燕京的重要门户。意大利人马可·波罗在他的游记里十分推崇这座桥，说它"是世界上独一无二的"，并且特别欣赏桥栏柱上刻的狮子，说它们"共同构成美丽的奇观"。

蒙金战争

完颜永济继位后，立即清除李元妃等外戚势力，但是他头脑昏庸，任用奸佞，加上四方混乱，国势日益衰弱。

当时蒙古非常痛恨金国的腐朽残暴的统治，有意脱离金国控制。成吉思汗也知道完颜永济是个无能之辈，认为这是攻灭金国的好时机，决定先攻打西夏，拆散金夏同盟，避免两线作战。西夏抵挡不了蒙古军，就向金国求援，但完颜永济不仅不考虑唇亡齿寒的危险，反而嘲笑邻国被打，坐视不救。西夏大败，向蒙古臣服，转而帮助蒙古攻打金国。消除后顾之忧后，公元1210年，成吉思汗公开宣称与金国断交，然后发动对金的战争，于野狐岭大破金军40万，声威大震。

蒙古军随后攻入华北，在金国内部四处掠夺，最后包围金国首都中都（燕京）。因中都防守严密，暂时打不下来，蒙古军只能北撤。公元1212年，成吉思汗再次南下攻打金国，一度包围金国西京大同府。同年，契丹人耶律留哥在东北举兵反金，多次打败金军。

金国面临内忧外患，统治集团内部互相埋怨，矛盾越来越大。公元1213年，金国将领胡沙虎杀掉皇帝完颜永济，拥立完颜珣继位，是为金宣宗，想挽救局势。

金宣宗虽然继位，但没有实权，不过是个傀儡。胡沙虎执掌大权，

▲金代奥屯良弼馁饮碑拓片。金泰和六年（1206），
奥屯良弼以汉文题写的馁别石刻，上有卜修洪用女真
字刻的跋。它是研究女真文字和金代书法的重要文物

　　胡作非为，遭到了其他将领的反对，最后被杀。同年秋，成吉思汗兵
分三路攻金，金军连连大败，金朝国土损失大部分，不得不向蒙古低
头求和。成吉思汗暂时同意，蒙金和议就暂时达成了。

　　在蒙古军撤退后，被打怕了的金宣宗，不顾诸多大臣的反对，于
公元1214年迁都南京汴京，仅派太子镇守中都。此举引发河北军民不
安。公元1215年，蒙古以金帝南迁为由，再度率军攻陷中都，至此占

领河北地区。同年，辽东、山东的起义军风起云涌，加之黄河决口，泛滥成灾，灾民遍地。

恰在此时，由于成吉思汗与花剌子模国发生纠纷而发动西征，给了金国喘息的机会。可惜金宣宗昏庸无能，无雄才大略，且又猜忌成性，国势始终没有振兴。

公元1219年，蒙古在大将木华黎的率领下，攻陷太原，震动金国。金宣宗组织了小规模的抵抗，但是都无济于事。此时，金国内部政治腐朽，军事衰败，经过多次战争后，已经陷入四面楚歌的境地。公元1224年，金宣宗去世，金哀宗继位，成了金国最后一个皇帝。

宋蒙灭金

　　金哀宗即位后，为了挽救衰亡，对外与宋、西夏修好，对内鼓励农业生产，任用完颜陈和尚等抗蒙名将，于公元 1228 年在大昌原打败蒙古军。经过艰苦战斗，金军收复了不少土地，这让金国有了起死回生的希望。然而金国的盟国西夏，在公元 1227 年被西征回来的蒙古军灭掉。金军失去了同盟国的帮助，处境再度恶化。公元 1227 年成吉思汗去世，其三子窝阔台继位，是为元太宗。

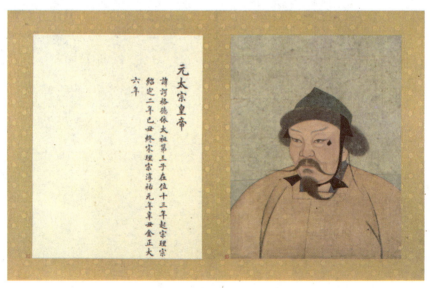

▲清·姚文瀚《元太宗皇帝像》

　　蒙古休整之后，再度进攻金朝。公元 1230 年，窝阔台兵分三路南下伐金，很快渡过黄河，将汴京重重围住。蒙金主力军队在三峰山发生遭遇战，金军精锐大败。蒙军趁机围攻汴京，迫使金哀宗求和。但是金国不愿意接受蒙古的投降条件，毅然杀掉蒙古使者。蒙古再度围攻汴京，意图彻底灭掉金国。

　　金哀宗坚持到年底，没有力气再抵抗，便放弃汴京，跑到归德府。他前脚一走，后脚汴京的守将就投降了蒙古。蒙古军一路穷追不舍，逼得金哀宗逃往蔡州。这时候，蒙古军联合宋军，一起围攻金军余部。公元 1234 年，蒙古军攻破蔡州，金哀宗自杀，继位的皇帝完颜承麟，在位不到一个时辰，就被乱军杀死，是历史上在位时间最短的皇帝。至此，金国彻底灭亡。

HISTORY

历史事件——

西夏

西夏的建立者出自党项族，自唐末开始被唐王朝册封为李姓，并逐渐发展壮大起来。相比强大的辽国和宋国，实力较弱的党项族选择了向辽、宋称臣。公元1038年，李元昊称帝，国号大夏。李元昊称帝之后，宋廷上下极为愤怒，双方关系正式破裂。宋朝不愿承认李元昊的帝位，下诏剥夺李元昊的官职，停止互市，这些举措惹怒了李元昊。李元昊先是频繁骚扰宋朝边境，又借辽国的势力威胁宋朝。夏、宋之间的战争终于不可避免。

李元昊相继发动了三川口之战、好水川之战等战役，歼灭宋军数万人，震动了宋朝。不过大败宋朝之后，李元昊沉湎酒色，好大喜功，导致西夏内部日益腐朽，众叛亲离。李元昊晚年淫乱无道，在立继承人事务上出了乱子，导致了宫廷内乱。李元昊被自己的长子杀死，长子又被权臣抓住处死。权臣拥立刚满周岁的李谅祚为帝，即夏毅宗。

此后，西夏内部围绕皇权经常发生宫廷混乱。西夏先后经历皇后、外戚专权，争权夺利十分激烈，骚乱不断，国势

▲西夏文乾祐宝钱，西夏仁宗乾祐年间（1170—1193）铸造

始终不振，但是处在宋辽以及宋、金之间，也能勉强生存。蒙古崛起后，一直视西夏为眼中钉，将其作为练兵场，不断派兵骚扰突袭。

公元 1205 年，铁木真率军入侵西夏，在西夏的边境城市多次劫掠。公元 1206 年，铁木真在斡难河畔建立大蒙古国，称"成吉思汗"。

由于当时金国和西夏是盟国，为了攻灭敌国金国，成吉思汗必须切断金夏联盟，就先打击西夏。成吉思汗率大军攻破西夏要塞，刚开始受到西夏各路军队的奋力抵抗而暂时退兵。公元 1209 年，蒙古降服高昌和回鹘，让西夏的河西地区失去了屏障。蒙古随后发动了第三次征夏战争，大败西夏军。然后蒙古军长驱直入，直逼西夏的都城，将中兴府重重围困。西夏情急，立即派使向金国求救。但是金国拒绝了，还以邻国遭攻打为乐，坐视不救，让西夏非常气愤。最后西夏投降，向蒙古进献了大量物资，开始倒向蒙古，反过来攻打金国。

作为蒙古的棋子，长期对金战争让西夏更加贫弱。西夏经济生产受到破坏，军队衰弱，政治腐败，导致西夏内部民不聊生，纷纷起来反抗。公元 1216 年，政变后的西夏，不愿意再给蒙古卖命，不肯帮助成吉思汗西征，惹怒了成吉思汗。公元 1217 年，成吉思汗率军第四次进攻西夏。西夏已经认清蒙古必会灭亡西夏的企图，决定采取联金抗蒙的策略，趁成吉思汗西征，派使联合漠北部落，妄图夹击蒙古，巩固西夏的北部。蒙古大将木华黎和他的儿子及时察觉到了西夏的意图，率军从东面攻入西夏，很快攻陷了银州。成吉思汗打败花剌子模后，得胜返国，顺道率军攻打西夏的沙州，吓得西夏立即投降。蒙古就暂时撤军。可不久，不相信蒙古人的西夏，再次举兵反抗，彻底惹怒了

▲西夏王妃供养图

蒙古人。对于时叛时降的西夏，蒙古必欲灭之而后快，不再给机会了。

公元 1226 年，成吉思汗以西夏没有履行和约为由，兵分东、西两路，夹攻西夏，势如破竹，大败西夏主力军队，包围了西夏首都中兴府，迫使西夏再次投降。正在围剿过程中，公元 1227 年，成吉思汗在六盘山病危，嘱咐部下秘不发丧，以免西夏反悔，然后等着西夏开门迎接时，将西夏军队全部杀掉。蒙古军攻陷中兴府后，展开野蛮屠杀，将宫室、陵园付之一炬，后经察罕劝谏而止，但城里已经被杀得所剩无几。西夏正式灭亡，享国 190 年。

HISTORY

历史事件

元

成吉思汗

　　蒙古帝国以及它的继承者元朝，都是由蒙古人建立的。蒙古人的祖先基本上与鲜卑人和契丹人同出一源。蒙古族发展得比较慢，从唐代到北宋时期，经济和文化都比较落后，先后臣服于辽和金的统治。作为马背上的民族，蒙古族既能吃苦，又特别骁勇善战，因此受到金国的猜忌。金国害怕蒙古部落强大，就对蒙古人横征暴敛，还派人去减丁，残杀蒙古民众，并在蒙古部落中制造矛盾，让蒙古人自相残杀。为了杀一儆百，一个叫也速该的蒙古部落首领，就被金国人残忍地钉死在木驴上。也速该临死前嘱咐后人要报仇雪恨。受尽欺凌的蒙古人，都盼望着出现一个英雄，带领他们，推翻金国的统治，走向自由快乐的生活。

　　公元1162年，蒙古草原诞生了一个了不起的人物，名叫铁木真，后来成了蒙古人的英雄。铁木真在青少年时，历经磨难。他9岁那年，父亲被敌人毒死，族人也纷纷离去。凄惨的铁木真家里只剩下母亲、铁木真和他的两个弟弟，他们为了躲避仇敌不得不到处逃难，过着艰苦的生活。但是苦难锻炼了铁木真，长大后，他长得十分健壮，并且骁勇善战。其他部落的人怕他会团结旧部，和他们作对，便把铁木真抓了起来，准备杀掉他。铁木真靠自己的智慧和勇气逃了出来。成年以后，铁木真依靠强大的克烈部，开始聚集散落的部众，又与扎木合结为异姓兄弟，势力逐渐壮大。但后来铁木真与扎木合、克烈部发生了矛盾，最后经过激战，铁木真战胜了他们，受到蒙古各部的推崇。

铁木真通过战争统一了蒙古草原各部，公元1206年被各部落推举为成吉思汗。成吉思汗建立蒙古帝国，国号大蒙古国。从此，蒙古草原结束了长期混战的局面，开始走上对外扩张的道路。

▲成吉思汗像

扩张统一

公元 1218 年，蒙古灭西辽。公元 1219 年，成吉思汗西征中亚花剌子模，一直进攻到东欧的伏尔加河流域。公元 1227 年，灭西夏，成吉思汗也在对西夏的远征中去世。成吉思汗去世后，其第三子窝阔台继位。公元 1234 年，蒙古联合南宋灭金。公元 1241 年，西征的蒙古军队一度逼近东欧腹地。公元 1246 年，蒙古招降吐蕃。公元 1253 年，忽必烈远征西南，灭大理。蒙古帝国横扫欧亚大陆，只剩下南宋还没灭掉。

蒙古国大汗蒙哥继位后，开始南下灭宋，但于公元 1259 年在四川攻打合州时被宋军重伤去世，导致蒙古军群龙无首，暂时撤退。公元 1264 年，蒙哥的弟弟忽必烈打败了政敌阿里不哥，成为真正的新的蒙古大汗。公元 1271 年，忽必烈将将国号改作"大元"，建都大都，正式宣告了元朝的诞生。然后，忽必烈继续南下攻宋，势必要统一天下。

在强悍的元军面前，腐朽的南宋步步败退，一路南逃。公元 1279 年，元军在崖山海战中，消灭了南宋最后的抵抗势力，结束了自唐末藩镇割据以来长期的分裂和战乱局面，推动了多民族统一国家的巩固和发展，建立了人类历史上疆域最广阔的帝国。

灭宋以后，忽必烈又对邻近诸国发动了一系列战争，如安南、占

▲元·刘贯道《元世祖出猎图》

▲元世祖忽必烈像 清·姚文瀚《历代帝王真像》

▲忽必烈皇后察必像

城、爪哇和日本等。公元 1274—1281 年，元军两次攻打日本，但是途中受到台风的影响，最后都失败了。

由于元朝连年战争，导致财政出现了严重短缺。忽必烈急于解决国用不足的问题，重用阿合马等人，对民间增加税收，广兴炼铁，追还田产、清算积欠、变更钞法等，使国家的收入显著增加。但由于吏治腐败，官员专注搜刮，加重了百姓的负担，阻碍了社会经济的健康发展。人民不堪沉重的封建剥削与压迫，便纷纷起义。

八思巴文

成吉思汗建立蒙古国之前，蒙古一直没有自己的文字，因此沟通特别不便，公元 1260 年，忽必烈将创制统一文字的任务交给了国师八思巴，他以藏文字母为原型，创造了八思巴文，这也成为当时元朝的官方文字。八思巴文的创制推广在一定程度上推进了蒙古社会的文明进程。

《农桑辑要》

《农桑辑要》是我国现存最早的官修农书，是由元朝司农司撰写的一部农业科学著作，成书于公元 1273 年，全书 7 卷，包括典训、耕垦、播种、栽桑、养蚕、瓜菜、果实、竹木、药草、孳畜等十部分，分别叙述我国古代有关农业的传统习惯和重农言论以及各种作物的栽培，家畜、家禽的饲养等技术。

内乱不断

公元 1294 年，忽必烈去世。经过内部一番血腥的争斗，最终铁穆耳继位，也就是元成宗。元成宗继位后，停止对外战争，对内限制诸王势力，减免部分赋税，编订律令等，使社会矛盾暂时有所缓和。同时，元成宗发兵降服西部未归降的部落，使西北长期动乱的局面有所改观。

不过元成宗的统治也有明显的问题。元成宗才能一般，在位期间

▲清·姚文瀚《元成宗皇帝像》

基本维持守成局面，可是对部下却是不计成本地赏赐，入不敷出，导致国库空虚。即便如此，元成宗还是发兵征讨八百媳妇国（今泰国北部），引起云贵地区动乱。元成宗晚年患病，委任皇后和色目人主政，结果朝政日渐衰败。

公元 1307 年，元成宗去世后，元武宗继位。此时的蒙古人早已没有了艰苦奋斗的精神，变得日益奢侈，花钱如流水。元武宗为了摆脱财政危机，不顾后果，滥发纸币，导致通货膨胀严重，弄得民不聊生，使南方起义军更多了。元武宗死之后，公元 1312 年，元仁宗继位，取消了元武宗的经济措施，并提倡汉化，开始恢复科举取士，赢得了部分汉族士子的拥护。

公元 1320 年，元仁宗去世后，元英宗继位。元英宗在位期间，

元武宗皇帝

即摩鲁克讳海桑成宗长子在位六年起大德十

一年丁未终至大五年壬子即皇庆元年

▲清·姚文瀚《元武宗皇帝像》

继承了元仁宗以儒治国的政策，加强中央集权和官僚体制，并于公元1323年颁布元帝国的正式法典《大元通制》。不过元英宗推行汉化，进行改革，却遭到了保守的蒙古贵族的反对。公元1323年，元英宗被刺身亡，史称"南坡之变"。改革的成果全部被废除，元朝又退回到之前的老路上，加剧了内斗。

从公元1307年元成宗死后，元朝就开始了激烈的皇位争夺斗争，政治斗争连绵不断，一直持续到元朝灭亡。从公元1308—1333年，25年中元朝换了8个皇帝。特别是从公元1328—1333年，不过5年时间，竟换了5个皇帝。每换一个皇帝，都要出现一次内部相互残杀的惨剧，弄得统治集团四分五裂，并且给人民大众带来了极大的灾难。

与此同时，元朝变得更加腐败。后期的元朝皇帝治国无能，花钱

▲清·姚文瀚《元仁宗皇帝像》

如流水，挥霍无度。他们最大的两项开支是赏赐和做佛事。元代皇帝都信奉喇嘛教，每个皇帝继位后都要大修佛寺，大做佛事，耗费大量的钱财。为了弥补财政亏空，一是增加更多的赋税和徭役，残酷地搜刮和压榨老百姓；二是进一步滥发纸币，导致原本就已经非常严重的通货膨胀进一步加剧，搞得很多老百姓食不果腹、妻离子散。

民族压迫

为了维持蒙古人的特权，蒙古实行种族歧视政策，将天下的人民划分为四等。第一等是蒙古人，第二等是色目人（元代时对来自中西亚、欧洲的各民族的统称），第三等是北方的契丹、女真以及汉族人，第四等是南方归降最晚的汉族人。汉族人的地位最低、负担最重。土地兼并之风也越来越厉害，大官僚和大地主有时一人就占有成千上万顷的田地。农民们失去了赖以生存的土地，加上水旱之害不断，生活十分困苦。

另外，元朝歧视文人，认为越有文化越反动。元朝的读书人地位非常低，远不如宋朝时期的待遇，有"九儒十丐"之称。蒙古人把妓女排得都比读书人的地位高，让知识分子感到莫大的羞辱。

汉族知识分子和农民感觉元朝实在是太腐败了，不愿再受元朝的统治，于是纷纷起来造反，掀起了轰轰烈烈的元末农民大起义。反抗蒙古统治者的各种各样的民谣到处传播，当时有人说："天雨线，民起怨，中原地，事必变。"

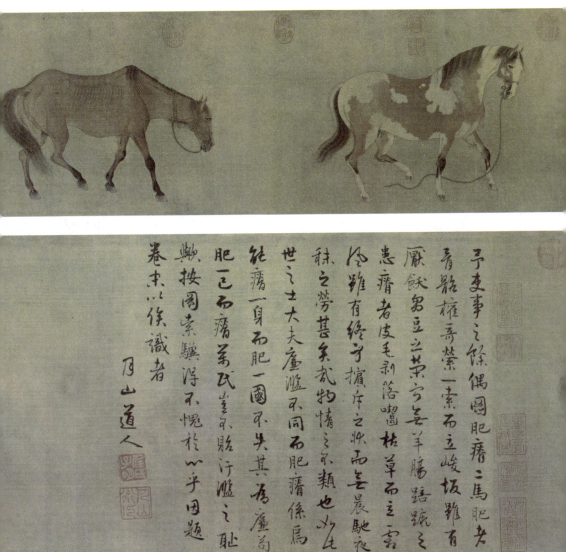

▲元·任仁发《二马图》。此幅图画面简单，着力描绘了两匹肥瘦不同的马。作者在题跋中以瘦马比喻"能瘠一身而肥一国"的士大夫，以肥马比喻"肥一己而瘠万民"的贪官污吏，表现了作者因元朝"九儒十丐"政策而得不到重用的悲苦

红巾军起义

元朝最后一个皇帝是元顺帝。他在位期间，元朝已经日薄西山了。元朝内部公开地贪污腐败，卖官鬻爵，向百姓搜刮的办法花样百出，民怨沸腾。

公元 1350 年，黄河决堤。元朝强制征调 15 万民工修黄河，但又不给报酬，为了防止民工反抗，元朝宰相就派兵严厉监视和镇压民工。在民工里面，有个叫韩山童的义士，不满元朝的腐朽统治很久了，就密谋发动民工反抗。韩山童在黄河底埋下一个石人，民工在施工时挖出石人。石人背后刻着两行字："莫道石人一只眼，挑动黄河天下反。"就此，元末农民大起义正式爆发。

韩山童、刘福通等人在颍州聚集了 3000 多教徒，打着恢复大宋河山的旗帜，起兵抗元。韩山童以白莲教为核心，自称为宋徽宗八世孙，以此联络四方义士，得到很多地方的响应。不过韩山童的军队人数还是太少了，不久就遭到了元军的围攻，最后韩山童被捕牺牲。

刘福通带领余部冲出包围后，重新组织起义力量，一举占领了颍州，又攻下朱皋，开仓赈济贫民，受到贫苦老百姓的热烈欢迎。很多穷人纷纷加入起义军，使反元的力量越来越强大，相继攻克很多州县。由于义军头裹红巾，所以又称"红巾军"。红巾军影响越来越大，不

▲龙凤通宝。公元 1355 年，元末红巾军领袖韩林儿在刘福通的扶持下登基为帝，自称"小明王"，国号大宋，年号龙凤，并铸龙凤通宝钱

出数月，黄河长江两淮之间，到处揭起起义的旗帜。

面对狼烟四起，最初元朝宰相脱脱征集了百万大军，制订了详细的计划，准备一举歼灭起义军。可是到了公元 1354 年，元顺帝听信奸臣谗言，把丞相脱脱解职。结果脱脱统率的百万大军群龙无首。最后很多人反而基于公平正义，纷纷投入红巾军，壮大了红巾军的势力。

公元 1355 年，刘福通拥立韩林儿在亳州称帝，国号大宋，韩林儿自称"小明王"。

中原各地的红巾军都接受了大宋的领导。公元 1357 年，刘福通分兵三路伐元。东路军由毛贵率领，扫荡了山东、河北等地的元军，顺利北进，离大都不过百余里。在大都的蒙古贵族昏庸无能，不敢抵抗，都纷纷建议往北逃。但红巾军在河北中部遇到元朝援军的阻击，大败，不得已撤回山东。中路军由关先生、破头潘等率领，攻绛州，入保定，折大同，然后直趋塞北，进展顺利，大有合围之势。公元1358年12月，这支起义军攻占了上都，烧毁了"富夸塞北"的宫阙，并两度攻入辽东。西路军攻下长安后，又进军四川，相继攻占了甘肃、宁夏等地，声势浩大。

红巾军在山东等地，把得到的衣、粮分给贫民，凡无罪而被虏者一律放还，深得民心，但是也触犯了汉族大地主的利益。不少汉族地主开始转变态度，为了维护自己的既得利益，转而与红巾军为敌。随着形势的变化，元朝政府看到汉族地主也视红巾军为敌，就宣告免除南人、北人的界限，凡起兵镇压红巾军的人，都给以万户、千户、百户的封赏。方国珍、张士诚接受了元朝的封赏和官职，转而与红巾军为敌。与此同时，元朝政府开始调集重兵，在察罕帖木儿的带领下，重点围攻红巾军。公元1358年，察罕帖木儿统领数十万大军，兵分四路，成为红巾军最强势的敌人。刘福通领导的红巾军逐渐处于不利的形势。公元1359年，察罕帖木儿攻占汴梁，韩林儿、刘福通撤兵败走安丰。这时，驻守山东的毛贵被部属赵君用杀害。察罕帖木儿乘机进逼山东，山东各城亦被察罕帖木儿占领。山东一失，安丰的屏藩就被撤除了。公元1363年，张士诚围安丰，刘福通牺牲。

刘福通虽然失败了，但是在反元斗争中，前后13年，大小数百战，给予蒙古贵族和官僚地主致命的打击，已从根本上削弱了元朝的统治，为最终大明王朝推翻元朝，重建汉族王朝奠定了基础。第一波反元失败后，其他起义军就接着干，其中势力比较大的有三支，一是张士诚部，二是陈友谅部，三是朱元璋部。占据苏州的张士诚和占据浙东庆元的方国珍早已归附了元朝，他们在所辖地区之内只知霸占田产，奴役佃户，腐化享乐，不关心人民疾苦，因而得不到人民的支持。朱元璋和陈友谅就成了当时两支力量最强的起义军。

过河拆桥

元朝的许有壬通过科举考试进入官场，逐渐被提升为参政（官名）。当元顺帝准备废除科举制度时，许有壬表示反对，并和赞成废除科举的官员争辩。废除科举制度的诏令下达时，元顺帝故意让许有壬跪在前头听。许有壬极不情愿地做了。散朝后，治书侍御史普化讥讽许有壬说："你是通过科举上来的，现在宣读废除科举的诏令，你又跪在第一个，真是'过河拆桥'啊。"现在这个成语比喻目的达到后，将帮助自己的人一脚踢开。

元灭明兴

朱元璋出身于一个贫农家庭，早年因为家贫，出家当和尚要饭。在流浪要饭的过程中，朱元璋备尝生活的艰辛，看透世情，开阔了眼界，积累了丰富的社会经验。后来在元末起义中，他遇到了一支起义军的首领郭子兴，于公元1352年参加了郭子兴领导的红巾军。参军后的朱元璋，展现出极高的军事才能。公元1354年，他招降驴牌寨壮丁3000人，成功地夜袭元军，随后又攻占了滁州，受到了郭子兴的重视。公元1355年，朱元璋进兵和阳，渡江攻下太平、溧水、溧阳等地，壮大了实力。

朱元璋军纪严明，又知人善任，文士如冯国胜、李善长等都为他出谋划策，勇猛善战的常遇春、胡大海等人也都来投奔他。为了继续发展实力，打败张士诚、陈友谅等部，朱元璋接受了朱升的"高筑墙、广积粮、缓称王"的建议，步步为营，逐渐壮大。从公元1356年到1359年，朱元璋以金陵为根据地，不断向外扩展其势力。公元1360年，朱元璋招纳和重用刘基、宋濂、叶琛、章溢等文人，特别是刘基、宋濂足智多谋，对朱元璋帮助很大。朱元璋也注意恢复农业生产，以康茂才为都水庸田使，在各地兴筑堤防，兴修水利，预防旱涝，经营农田，使百姓安居乐业；又设管理民兵万户府，模仿古代寓兵于农的办

▲明太祖朱元璋像 清·姚文瀚《历代帝王真像》

法，选拔强壮农民，让他们农忙的时候耕种，空闲的时候练习军事技能，并屡次减免赋税，让农民无后顾之忧，因此深得民心。

在朱元璋统治的地区，农民生活比较安定，军粮也有充足的供应。与朱元璋基本上势均力敌的陈友谅，他的统治区却是另一番景象。陈友谅力量虽强，但是品行低劣，野心勃勃，杀死了自己的旧主，所以名声很臭，加上刚愎自用，不善于采纳良好的建议，导致将士离心、政令不一。陈友谅一直想打败朱元璋，统一天下当皇帝。

▲元·倪瓒《水竹居图》。倪瓒，元末明初著名画家，与黄公望、王蒙、吴镇合称"元四家"

陈友谅联合张士诚东西夹击，想平分朱元璋的领地。朱元璋召集众将商量对策，一时众说纷纭。刘基认为如今最危险的敌人莫过于陈友谅，必须集中力量消灭他。虽然陈友谅势力强大，但他杀君自立，部众离心，人民疲敝，故而不难战胜，只要等他们深入，再以伏兵击之，不难取胜。朱元璋同意刘基的判断，于是设计诱敌深入，制造战机。朱元璋的部将康茂才和陈友谅是老朋友，于是修书一封，派人送到陈友谅营中，假装约陈攻击应天，并说愿意在江东桥做内应。

陈友谅轻信了康茂才，率舰队主力赶到应天郊外的江东桥，才发现桥是石桥而非木桥，方知受骗中计。但为时已晚，朱元璋的伏兵奋

▲元·佚名《猎骑图》

起攻击，陈友谅大败，逃往九江。第二年八月，朱元璋攻下安庆，然后率军直取陈友谅的老巢江州，陈友谅逃往武昌。朱元璋趁机就攻克了江西和湖北东南部。

正在这时，中原红巾军发生分裂，力量削弱。公元 1363 年二月，张士诚乘人之危，派部将攻打刘福通。刘福通向朱元璋求救。朱元璋率军赶到安丰，救出小明王韩林儿等，把他们安排在滁州居住。看到朱元璋分兵救援，陈友谅认为反攻时机已到，于是率兵进攻洪都。朱元璋的侄子朱文正率领将士坚守 85 天。七月，朱元璋统兵 20 万，进发洪都。陈友谅获悉后，撤出围军，迎战朱元璋。双方在鄱阳湖展开决战。鄱阳湖水战进行了 36 天。朱元璋的军队充分发挥小船灵活的长处，火攻陈军，最终取胜，陈友谅被乱箭射死。第二年，其子陈理投降，至此，朱元璋解除了统一南方最大的威胁。

公元 1364 年，朱元璋自称吴王。公元 1365 年，朱元璋把兵锋转向苏州张士诚。公元 1367 年九月，朱元璋攻破张士诚的老巢苏州城，俘虏了张士诚。后来张士诚不愿受辱，上吊自杀。三吴地区被平定了。看到朱元璋越战越强，据守温州、台州一带的方国珍也遣使归降。同年，朱元璋又分别派将攻取广东、福建，朱元璋已据有东南半壁。至此，朱元璋想自己称帝，统一天下。公元 1366 年冬，他派人在瓜步杀了韩林儿，扫清了称帝的绊脚石。

朱元璋打败了江南的各个割据势力后，更积极准备北上伐元。此时，元朝统治者更加腐化堕落，元顺帝信任喇嘛僧，朝夕逸乐，宫廷的政变不断发生，军力也一蹶不振，只有倚靠极少数人支持残局。元军扩廓帖木儿守河南，孛罗帖木儿守大同，李思齐、张良弼等守关中，他们连年交兵，到处掠夺屠杀，给人民带来深重的苦难。

公元 1367 年，朱元璋决意北伐，一路上执行较为开明的民族政策，所到之处，受到民众的欢迎。由徐达、常遇春等人率领的北伐军先后在山东、汴梁、潼关等地打败扩廓帖木儿、李思齐、张思道的军队。公元 1368 年七月，徐达召集诸将于临清商讨进军方略，随后，连下德州、通州等城，元顺帝率后妃、太子和一部分蒙古大臣从大都北逃。同年八月，北伐军攻占大都，结束了元朝在全国的统治。这一年，朱元璋建立了明朝，改元洪武，是为明太祖。

最终，朱元璋用了近 20 年的时间，消灭其他农民军，击溃元朝残余势力（北元），完成了中国的统一。轰轰烈烈的元末农民起义结束。

HISTORY

历史人物

北宋名相寇準

寇準（961—1023），字平仲，华州下邽（今陕西渭南）人。为人刚直不阿，坚持抗击辽国，力主宋真宗亲征，取得澶州之战的胜利，开创了辽宋百年和平局面，后因权力争斗，不断被贬，历经坎坷。寇準功绩卓著，是一位深受百姓爱戴和称颂的宰相。

知耻后勇，魏徵再世

小时候的寇準喜欢与市井浪子混在一起，玩狗斗鸡，受到母亲严厉的批评。寇準开始觉得老是这样玩游戏没有出息，便决定发奋读书，19岁那年中举，成了年纪轻轻的进士。年轻的寇準当上官后，到处体察民情，为百姓减差役，迅速解决长期堆积的案子，使当地政通人和。寇準因此美名远播。

宋太宗听说了寇準的事迹后，把他调到中央任职。寇準没有为了升迁而阿谀逢迎、依附权贵，而是经常仗义执言，看到不合理的事情，便向皇帝直言。有一次，寇準在大殿上向宋太宗奏事，惹恼了宋太宗。可是寇準不但不请罪，反而伸手扯住了宋太宗的衣角，劝宋太宗坐下来听完再离开。盛怒下的太宗并未责罚寇準，反而当着群臣的面夸奖道："我得寇準，就像唐太宗得到魏徵一样啊。"人们就把寇準比作大宋的魏徵。

宋太宗想立襄王为太子，他知道寇準忠心，就征求寇準的意见。寇準看出了宋太宗的心思，觉得襄王德才可以，就顺水推舟表示赞同。襄王继位，是为宋真宗。宋真宗对寇準非常倚重，把他提拔成宰相。

▲寇準像

澶渊退敌，抗辽英雄

寇準积极抗辽，经常建议宋真宗注意加强边防。后来契丹人大举南下，群臣恐慌。很多人劝宋真宗向南迁都。宋真宗很慌，担心打不过辽国，也想抛弃首都逃跑。寇準急忙拦住，劝宋真宗不要放弃宗庙，并鼓励宋真宗御驾亲征。

宋真宗有些犹豫，寇準一路上不断加油打气。看到路途凶险，宋真宗又不愿意去了。寇準找来武将高琼，催促皇帝前行。高琼是血性男儿，一鞭子抽在皇帝的坐骑上，直接进了城。守军看到皇帝真的御驾亲征，士气大振，打退了辽军的进攻。辽国见无法取胜，就准备和谈。早无战意的宋真宗连忙答应，派曹利用前去谈判。曹利用领完谕旨后，一出门就被寇準堵住。寇準担心赔得太多，就严肃地说："如果数额超

▲宋·李唐《宋真宗像》

过 30 万，回来我就砍你的头！"曹利用不辱使命，跟辽国舌战，把数
额压到岁币 10 万、绢 20 万匹。"澶渊之盟"达成，曹利用回来复命，
宋真宗见只赔了 10 万岁币、绢 20 万匹，高兴地说："太少了，太少了。"
寇準在"澶渊之盟"中立下了大功，深受朝野称赞。

仕途不顺，晚年坎坷

宋真宗觉得寇準很有才能，便把治国重任交给他。寇準在朝内敢
做敢说，锋芒毕露，得罪了妥协投降的权臣。以王钦若、丁谓为首的
奸臣，不断地在宋真宗面前说他的坏话。他们说寇準孤注一掷，只是
把皇帝当作谈判的砝码，根本不管皇帝的死活，一旦谈判失败皇帝很

有可能成为辽国的俘虏。宋真宗耳根子软，渐渐地对寇準冷淡起来。最后寇準失去了皇帝的信任，被贬到了外地任官，而王钦若和丁谓受到重用。寇準开始了一路被贬的凄惨晚年。

第一次被贬的寇準，在地方上干得政绩斐然，深受老百姓赞誉。但是丁谓这帮人治国无能，就想把寇準调回来，借他的威望帮自己争权装点门面。寇準看不上他们溜须拍马的丑态。在宴请寇準的酒席上，丁谓对寇準百般拉拢，看见寇準的胡子沾上了汤汁，就用袖子帮他擦拭。寇準假借酒后讽刺道："你一个堂堂大臣，就只会做这些擦胡子的小事吗？"丁谓下不来台，恼羞成怒，怀恨在心，发誓要贬死寇準。寇準再被贬为道州司马，最后被贬到广东非常偏远的雷州。

即便连续被贬，寇準坚决不去阿谀奉承，仍然心系天下，弹劾奸臣贪官，为民做事，感动了天下百姓。大家知道寇準是被冤枉的，是个刚正不阿的好官。有人曾经匿名把寇準和丁谓的画像放在一起供众人品评，结果就连打家劫舍的强盗都说寇準是个好官，不愿意撕寇準的画像。

到雷州后，寇準感怀身世，就从附近截了一根竹子，扎在地上，许愿说："如果我辜负了国家，竹子活不了；如果我没有辜负国家，这个竹子一定能活。"果然，这个竹子奇迹般地存活了，这也象征着寇準忠君爱国的心志。后人也用扎竹子的方式纪念寇準的功德，就是现在所说的"相公竹"。不久后，寇準在雷州病逝，但是他用竹子托志的故事，永远感动着后人。

"面具将军" 狄青

狄青（1008—1057），字汉臣，汾州西河（今山西省吕梁市文水县）人，曾奇袭昆仑关，平定侬智高，是北宋时期赫赫有名的将军。他深受士卒爱戴，捍卫了北宋的边关安宁，可惜在北宋重文轻武的政策下，受到文官的排挤，最后郁郁而终。

出身贫贱，英勇无敌

狄青出身贫寒，但很讲义气，在青少年时期就参了军，精通骑射，凭借不怕死的精神，在军队屡立战功。狄青行军打仗时，经常亲自做先锋，在西北与西夏作战 4 年，前后打了大小 25 场战斗，中乱箭多达 8 次，但依旧勇往直前，成为军中的表率和精神支柱。士兵们因此也争先恐后奋力拼杀。他每逢要与敌人作战时，就披头散发，戴着铜面具，咆哮着出入敌军中，所向披靡，无人敢挡，人送外号"面涅将军"，意思就是"面具将军"。

1038 年，狄青在西北对战西夏，凭借英勇顽强，取得保安大捷，是北宋与西夏作战的第一次大胜利，有力地震慑了西夏，使其不敢轻举妄动。凭借战功和声威，狄青逐渐受到朝廷重视。名臣范仲淹觉得狄青是个奇才，就教他读《左传》，劝他不能一味地逞匹夫之勇，应该读兵书懂韬略，成为一代名将。狄青从此熟读兵法、钻研韬略，更加英勇善战。

平定西南，不忘初心

1052 年，西南有个叫侬智高的人发动叛乱，攻陷岭南众多州县。最先派去镇压的宋军不齐心、纪律涣散，结果屡战屡败，伤亡惨重。朝廷就把狄青派过去。狄青赶到后，斩杀不听号令者，马上统一了军纪，提高了士气，然后采用疑兵之计，让侬智高误以为宋朝精锐在休整，因此放松了警惕。趁此良机，狄青下令大军冒雨急行军，越过天险，出其不意地来到侬智高阵前，大败叛军，追杀其50里，迅速平定了叛乱。狄青因此受到朝廷奖赏，提升为枢密使。

狄青声震万里，越发受到尊敬。他白手起家，在军队中奋斗十多年后，才显贵起来。年少时，狄青因与乡人发生冲突而被官府投入监牢，并在脸上刺字，因此脸上一直留有刺字的伤疤。宋仁宗亲自出面劝狄青敷药除掉刺字。狄青说："陛下根据功劳提

▲狄青像

拔臣，而不是出身。臣之所以有今天，就是因这些疤痕。臣希望保留它好鼓励军队。"皇帝很赞赏狄青这种不忘本的精神。

受到猜忌，郁郁而终

狄青任枢密使4年，深受士卒爱戴，极有威望，但受到朝廷文官的猜忌。谏官多次对狄青发难，批评他相貌丑陋、不吉利。后来京师发大水，狄青为了避水将家搬到大相国寺，在佛殿上居住。民众对此议论纷纷，影响到了狄青声誉。朝廷最终免去了狄青枢密使之职，将其调离京城，发往陈州。狄青非常郁闷，最后口生毒疮，郁郁而终，终年不到50岁。

狄青去世后，众人很怀念他。宋仁宗认为他出身行伍，却为人深沉有智谋，有始有终，是难得的大将。

安贫乐道范仲淹

范仲淹（989—1052），字希文，谥号文正，祖籍邠州，后移居苏州吴县（今江苏苏州），是北宋时期著名的思想家、政治家、文学家。他文武兼备，政绩卓著，倡导"先天下之忧而忧，后天下之乐而乐"的思想和节操，对后世影响深远。

安贫乐道，发奋苦读

范仲淹幼年丧父，母亲谢氏贫困无依，只得带着2岁的他改嫁并给他更名。范仲淹得知自己的身世后，伤心不已，发奋出人头地，光宗耀祖。尽管他身无分文，但毅然含泪辞别母亲，前往应天府求学，在庙里刻苦学习。困了的时候，他就用冷水浇脸；没有饭吃，他就煮粥充饥。人们都觉得他的日子过得太苦了，但是范仲淹却安贫乐道，不以为苦。好友敬重范仲淹，有一次带着酒肉，想改善一下他的生活，但范仲淹担心吃了酒肉，就再也吃不了苦，便拒绝了。

通过科举考试，范仲淹成为进士，官居九品，主持处理一些诉讼事务。当职期间，范仲淹清正廉明、刚正不阿，很快便得到重用，因此范仲淹便归宗复姓，改叫范仲淹。

襆觀
文正公之詞翰淳重
清勁如其為人藹然
卷諷誦未嘗不想見
風采何名謫之重使

希道此部借示
文正詞翰氣之君待
其人之左右令人既喜而且
凜然也熙寧壬子孟夏丙
寅陵陽守居平雲閣題
石室文同興可

▲宋·范仲淹楷书《道服赞卷》及文同、吴立礼、戴蒙、柳贯等人的题跋

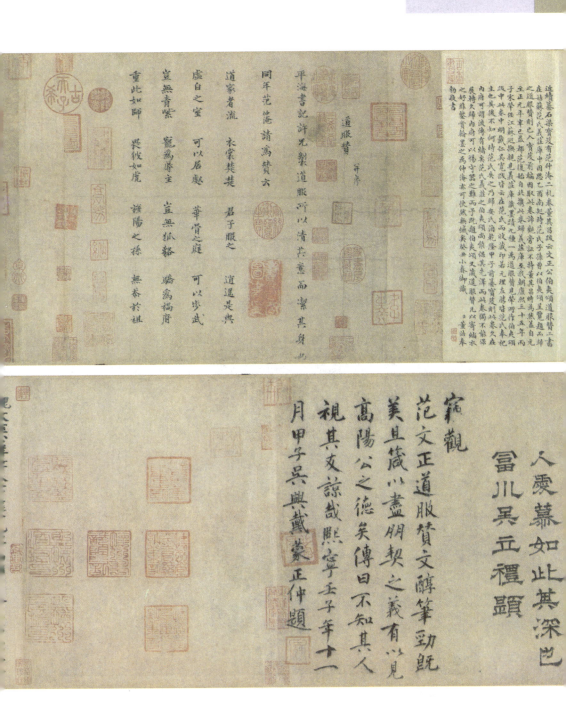

連緜慕石染賓沒有范仲淹二札卷董其昌跋云文正公伯夷頌道服贊二書……（董氏跋本）

道服贊　并序

平海書記許兄製道服所以清其意而潔其身也
同年范仲淹請為贊云
道家者流　衣裳楚楚　君子服之　道遵是與
虛白之室　可以居處　華胥之庭　可以步武
豈無青紫　寵為辱主　豈無狐貉　驕為禍府
重此如師　畏彼如虎　淮陽之孫　無慚於祖

竊觀
范文正道服贊文醇筆勁既
美且箴以盡朋契之義有以見
高陽公之德矣傳曰不知其人
視其友諒哉熙寧壬子年十一
月甲子吳興戴蒙正仲題

人孰慕如此其深巳
富川吳立禮題

改善民生，忠诚直言

范仲淹调任泰州管理盐务时，发现海堤失修，破坏了良田和老百姓的房屋，致使民众遭难，因此大力主张修缮海堤，改善人民的生活。可在修海堤的过程中，范仲淹的母亲突然病逝。百事孝为先，范仲淹便辞官为母亲守孝。当地人听说范仲淹仁孝有才，就邀请他去南京应天府书院讲学。范仲淹主持教务期间，经常以身示教，慷慨陈词，主张严以律己，世人应崇尚优秀品德，匡扶天下。他的一系列举动有力

▲ 范仲淹像

地矫正了当时的学风和士风。宋仁宗看到范仲淹德才兼备，就把他调到京城。

范仲淹进入朝廷任职后，秉忠直言，劝谏皇帝戒奢从简，尊崇礼节，公正严明，惩处贪官污吏，澄清吏治。范仲淹的这些劝谏得罪了很多人。反对派攻击他是结党营私，范仲淹因此被皇帝怀疑。范仲淹被贬出京城，外放西北，与韩琦一起统军御敌。范仲淹在职期间，号令严明，爱护士卒，积极加强边防守备，真诚接纳流亡百姓，受到军民拥护，增强了边防力量。西夏几次进犯，都被打退，使西夏不敢再冒犯边关。

主持改革，虽败犹荣

宋仁宗终于看到了范仲淹的政治和军事才能，再次将其调回京城，委以重任。庆历年间，范仲淹联合韩琦等人推行"庆历新政"，意图进行广泛的社会变革，解决北宋"三冗两积"的大问题。新政实施后，守旧派的利益受到威胁，于是联合起来毁谤新政，指责范仲淹图谋不轨，再兴朋党，祸乱朝廷。在强大的反对声中，范仲淹被迫上书外调，远离朝廷，这也宣告了"庆历新政"的失败。

晚年的范仲淹，并没有颓废，而是鞠躬尽瘁，死而后已。他先后在邓州、杭州、颍州等地做官，所到之处，兴利除弊，推动教育，发展生产，但最后不幸病逝于徐州。在岳州，范仲淹写下了千古名篇《岳阳楼记》，留下了"先天下之忧而忧，后天下之乐而乐"的千古佳句。

上属予作文以记之。予观夫巴陵胜状，在洞庭一湖。衔远山，吞长江，浩浩汤汤，横无际涯；朝晖夕阴，气象万千，此则岳阳楼之大观也，前人之述备矣。然则北通巫峡，南极潇湘，迁客骚人，多会于此，览物之情，得无异乎？

若夫霪雨霏霏，连月不开，阴风怒号，浊浪排空；日星隐曜，山岳潜形；商旅不行，樯倾楫摧；薄暮冥冥，虎啸猿啼。登斯楼也，则有去国怀乡，忧谗畏讥，满目萧然，感极而悲者矣。

至若春和景明，波澜不惊，上下天光，一碧万顷；沙鸥翔集，锦鳞游泳；岸芷汀兰，郁郁青青。而或长烟一空，皓月千里，浮光跃金，静影沉璧，渔歌互答，此乐何极！登斯楼也，则有心旷神怡，宠辱偕忘，把酒临风，其喜洋洋者矣。

嗟夫！予尝求古仁人之心，或异二者之为，何哉？不以物喜，不以己悲；居庙堂之高则忧其民，处江湖之远则忧其君。是进亦忧，退亦忧。然则何时而乐耶？其必曰"先天下之忧而忧，后天下之乐而乐"乎。噫！微斯人，吾谁与归？

▲明·董其昌书《岳阳楼记》

岳陽樓記

慶曆四年春，滕子京守巴陵郡。越明年，政通人和，百廢具興，乃重修岳陽樓，增其舊制，刻唐賢

今人詩賦於此。此則岳陽樓之大觀也，前人之述備矣。然則北通巫峽，南極瀟湘，遷客騷人，多會於此，覽物之情，得無

異乎。若夫霪雨霏霏，連月不開，下天光，一碧萬頃，沙鷗翔集，錦鱗游泳，岸芷汀蘭，郁郁青青。至若春和景明，波濤不驚，上下天光，一碧萬頃，沙鷗翔集，錦鱗游泳，岸芷

嗟夫，予嘗求古仁人之心，或異二者之為，何哉。不以物喜，不以己悲。居廟堂之上則憂其民，處江湖之遠則憂其君。是進亦憂，退亦憂。然則何時而樂耶，其必曰先天下之憂而憂，後天下之樂而樂歟。

"砸缸宰相"司马光

司马光（1019—1086），字君实，陕州夏县（今属山西）涑水乡人。北宋著名政治家、文学家和史学家。他博学多才，为人刚正，是北宋四朝元老，主张爱惜民力，反对过激改革，主编影响深远的《资治通鉴》。

砸缸救友，文韬武略

司马光出生于书香世家，从小聪明伶俐，7岁时就能背诵《左传》，后来跟随父亲游历各地，越发变得机智果敢。有一次，司马光跟小伙伴们在后院里玩耍。院子里有一口大水缸，有个小孩爬到缸沿上玩，一不小心，掉到水缸里。缸大水深，眼看那孩子快要没顶了，别的孩子一见出了事，吓得边哭边喊，跑去向大人求救。司马光却急中生智，从地上搬起一块大石头，使劲向水缸砸去，"砰"的一声，水缸破了，缸里的水流了出来，被淹在水里的小孩也得救了。可见小小的司马光，遇事沉着冷静，聪明机灵。砸缸救人的事迹，使小司马光出了名。但司马光并没有骄傲自满，而是继续刻苦学习，因此变得非常博学多才。

20岁的时候，司马光参加科举考试，一举高中，从此步入官场。

没想到他的父母在此期间相继去世，这令司马光悲痛万分。司马光在居丧期间，化悲痛为力量，继续读书上进，思考治乱兴衰的大道。服丧结束后，他成为地方官，在短时间内取得了不错的政绩，受到老百姓的称赞。

1047 年，贝州农民王则起义，攻占贝州城，引起朝廷震动。司马

▲ 司马光像

光建议采用威逼利诱的办法，进行分化瓦解，只杀带头人，降者不问罪。朝廷采纳了他的意见，很快平息了这场叛乱。司马光显示了过人的谋略，受到了朝廷赏识。

编修史书，反对改革

宋仁宗觉得司马光是个人才，将他调到京城任职。宋英宗继位后，司马光成了谏臣，帮助缓和了两宫关系，并多次劝谏皇帝关心民间疾苦，反对奢侈享乐。宋英宗病死后，宋神宗继位。宋神宗最初准备重用司马光，但是由于司马光反对王安石变法，就疏远了他。司马光站在百姓的立场上，反对王安石变法中的过激措施和不利于民众行为，因此深受百姓爱戴。考虑到被王安石党派排斥，司马光不愿再卷入政治，便将大量精力投入编撰《资治通鉴》。1084 年，66 岁的司马光修

▲明·佚名《司马光归隐图》

完《资治通鉴》，名闻天下。宋神宗认为这部书"有鉴于往事，以资于治道"，赐名《资治通鉴》，并亲自写序。

宋神宗去世后，皇太后起用司马光主持朝政。司马光废黜王安石的新法，召回之前被贬的范纯仁、苏轼等人，减轻下层民众的负担，受到了朝野的广泛赞赏。

1086年，司马光因病去世，享年68岁。前往送葬的官民络绎不绝，哭声响彻四野。

《资治通鉴》

《资治通鉴》是由北宋司马光主编的一部多卷本编年体史书，共294卷、300多万字，历时19年完成。主要以时间为纲、事件为目，从周威烈王二十三年（前403）写起，到五代后周世宗显德六年（959）征淮南停笔，涵盖16朝1362年的历史。

《资治通鉴》是中国第一部编年体通史，在中国官修史书中占有极重要的地位。

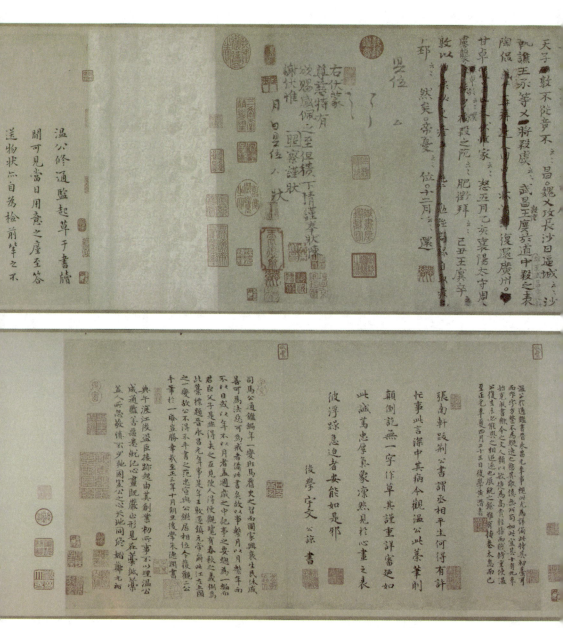

▲宋·司马光《资治通鉴》残稿

永昌元年春正月乙卯改元。王敦素蓄異志謀作亂謂
長史謝鯤曰劉隗戊辰隴蠢目輒退沈充
乙亥詔親帥六軍以誅大逆敦兄含時為光
侯正當討之不從使人死矣然得。遣使告諭史問計
八惺之自卻。說此甘卓共討敦遂
軍李梁說卓曰晉。福將軍但代之驕謂譔回書
融於天下未寧之時故得以文服天于非令比也使大
將。字且。說卓曰王氏乃露。討廣州
剌史陶。。從二月後趙王勒立。萬圍徐龕
趙主曜自將擊楊難敵。疾難敵請稱
滿曜引兵還曜以難敵上大。安求見不得安怒
獲之亮欲用之又以竟長史曹憑為參軍二人不從安
曰殺之曜聞。。滿也。帝衡。。帥諸宗。一軍以周
開門納之帝命。頭以甘。至攻石頭周札
欲自出戰中。衛帝脫戎。紹聞之。禍。。
愍帝後趙協。。。見帝。執。
。奔後趙協道見至江乘為人所殺帝令。

射帝遣王廙。。頭以甘。顗等三道出
。賴等三道出

四百五十三字無一筆作草則其忠信誠愨根於其中者可
知已永昌元年其歲壬午晉元帝即位之五年也目正月王
敦將作亂至十二月蕃客銳入令支同此還每蕃書數端
一二字或四五字其下則以出。擖之按今通鑑是年兩書凡
目時有異同此或初業而後更定之歟始公辟官置局前

嘆歎仰如此

此屬蒿爾而字畫無一歌頃

惟公不欺之學何往而不立哉

萬澄程瑞趙崇蘇同觀同相

温公起道鑑草粘范忠宣公尺牘其末又
謝人惠楊狀草也幅紙之間三絕具焉
誠可寶玩岐國公述明可識

苟如此可師也巳嘉定八年十
二月十四日任希夷觀于玉堂秋直

151

理学大师朱熹

朱熹（1130—1200），字元晦，祖籍徽州婺源（今属江西），儒学的集大成者。宋代著名理学家、思想家、哲学家、教育家，被尊称为"朱子"，影响极大。他的不少思想主张，不仅成为元明清时期的官方指导思想，更对中外文化影响深远。

年少聪慧，继承前贤

朱熹出生的时候，右眼角长有七颗黑痣，排列如北斗的形状，很多人认为是文曲星下凡，都说他以后肯定了不得。朱熹年少聪慧，5 岁能读《孝经》，6 岁就能画八卦图。17 岁时，朱熹在建州考取了贡生。1148 年，18 岁的朱熹考中进士，然后开始在泉州、同安等地任地方小官。在任职期间，他发现当时求仙拜佛的风气很盛行，认为这不能匡扶社会，需要重新创造思想，整顿人心。于是朱熹打算加深自己的学问，便重

▲朱熹像

新踏上求师之路，拜李侗为师，开始学习二程（程颢、程颐）的学问。

1169 年，通过长期的学习和反思，朱熹领悟到传统"中和旧说"的弊端，主张以儒家"敬"和"双修"的核心思想，从全新角度独创"中和新说"，这标志着朱熹哲学思想的成熟，也是儒学史上非常重要的事情。1169 年 9 月，朱熹母亲去世，朱熹建寒泉精舍为母亲守墓。其间进行著述，创作了《近思录》《论语集注》《孟子集注》等经典作品，为其思想体系打下了基础。

鹅湖之会，云游讲学

1175 年，朱熹与陆九龄、陆九渊等人在鹅湖寺会面，举行了"鹅湖之会"，对理学进行了著名的大争辩。朱熹认为"心"与"理"是两个不同的概念，"理"是本体，"心"是认识的主体，要想获得"理"，需要逐渐得到的认知和外在的帮助，即"渐悟"和"格致"。二陆主张"心"与"理"是一回事，坚持以"心"来统贯主体与客体，可以通过顿悟的方式获得"理"。朱熹与陆氏兄弟论辩、讲学达 10 日之久，但是谁也没有说服谁。"鹅湖之会"虽然没有达到统一思想的目的，但有力地推动了理学的发展。

争辩之后，朱熹前往楚中游学讲学，向众人阐明"修身、齐家、治国、平天下"的道理，受到众人赞誉。在讲学的同时，朱熹特别重视修建书院，发展教育，改善风气。1180 年，朱熹修复好白鹿洞书院，自兼洞主，延请名师，还上书请皇帝赐给御书。他还置办学田，供养

▲宋·朱熹行草书尺牍并《大学或问》手稿第一段

贫穷学子，并亲自订立学规，创造出世界教育史上最早的教育规章制度之一，成为后世书院体制的先河。这些都深受中国学子的仰慕。

晚年坎坷，坚持著述

就是这样的大思想家，在晚年却遭遇党禁之祸。朱熹被诬蔑为"伪学魁首"，著作基本被烧毁。他的学生流放的流放、坐牢的坐牢。除了政治打击，朱熹更被各种疾病困扰。但这些都没有打垮朱熹。

朱熹预感到死亡的逼近，便抓紧著述。朱熹首次将《大学章句》《中庸章句》《论语集注》《孟子集注》四书合刊，并呕心沥血修改《四书集注》，临终前一天还在修改《大学章句》。朱熹的《四书集注》代表了他完整的理学思想体系，也逐渐成为士大夫修身治国的准则，更成为王朝的统治思想，影响深远。直到今天，朱熹所主张的"格物、致知、诚意、正心、修身、齐家、治国、平天下"的理念，在中国文化中仍占有重要地位。

1200 年，朱熹病情恶化，双目失明。朱熹依靠助手，以更旺盛的精力加紧整理残篇，希望将自己所学传给后人，使道统不绝。1200 年三月初九日，朱熹去世。朱熹是中华文化的重要开拓者，其思想对海内外影响深远。

程朱理学

程朱理学，是宋明理学的一派，有时会被简称为"理学"，与"心学"相对。程朱理学是指中国宋朝以后由程颢、程颐、朱熹等人发展起来的儒家流派，认为"理"是宇宙万物的起源，而且"理"是善的，它将"善"赋予人便成为本性，将"善"赋予社会便成为"礼"，而人在世界万物纷扰交错中，很容易迷失自己禀受自"理"的本性，社会便失去"礼"。

铁血丹心文天祥

文天祥（1236—1283），字宋瑞，吉州庐陵（今江西吉安）人，南宋政治家、文学家、诗人，著名的抗元英雄，与陆秀夫、张世杰并称为"宋末三杰"，是文人士大夫坚守气节的典型代表。

刚正为官，矢志抗元

文天祥从小聪明过人，志向远大，希望像欧阳修等忠勇之人，日后建功立业，报效国家。20岁的文天祥参加科举考试，不用草稿，洋洋洒洒写了一万多字，一气呵成。宋理宗览后，非常高兴，亲自选拔他为进士第一，成为天下闻名的状元。

不久蒙古南侵。宦官董宋臣建议皇帝迁都避难，朝中没人敢反对。只有文天祥坚决反对，请求斩杀董宋臣，统一人心。但因建议不被采纳，文天祥就自请辞职回家，可见文天祥的刚直和忠心。文天祥曾经讽刺权相贾似道贪婪弄权，抵抗外敌不力，贾似道很不高兴，就想方设法将文天祥罢免了。

1275年，长江上游告急，朝廷诏令天下勤王之人，抵抗蒙古入侵。文天祥积极联络志士，在江西一带抵抗元兵，虽有小胜，但是终因敌众我寡，接连失败。最终，文天祥在五坡岭战败被俘。

铁血丹心，誓不投降

文天祥虽然战败，但面对蒙古人的威逼利诱，始终坚持气节，坚决不投降，对投降的宋朝臣子更是看不起。文天祥被押至潮阳，见降将张弘范时，左右官员都命他行跪拜之礼。文天祥瞧不起张弘范，没有跪拜。张弘范又要他写信招降张世杰，文天祥坚决不从。因多次被强迫索要书信，文天祥写了《过零丁洋》一诗给他们。其中"人生自古谁无死，留取丹心照汗青"两句成为文天祥的真实写照，更成为千古名句，影响了一代又一代人。崖山战败后，张弘范说："你的忠心孝义都尽到了，若能投降，新朝廷会让你做宰相。"文天祥仍然拒绝："作为臣子，我不能拯救国家，死有余辜，怎么还有脸苟且偷生呢？"张弘范听后非常敬佩他的气节，便没有再难为他，并派人把他护送到京师。

文天祥在被押送的路上，用尽一切办法想杀身成仁，向国家尽忠。他先是选择绝食，但是经过 8 天也没有死，在劝说下，想着留着命继续抗元复国，才肯又吃饭。到达燕京，敌人想用锦衣玉食收买他，他依然不为所动。蒙古人知道文天祥不会投降，就继续监押他。这时忽必烈搜求有才能的南宋官员，有人说文天祥最有才华，于是召见文天祥，想招降他。

1283 年的一天，文天祥对忽必烈说："天无二日，民无二主。我身为宋朝的宰相，哪能侍奉二姓，请您赶紧杀了我吧。"忽必烈不忍心，

齐白石《文天祥像》

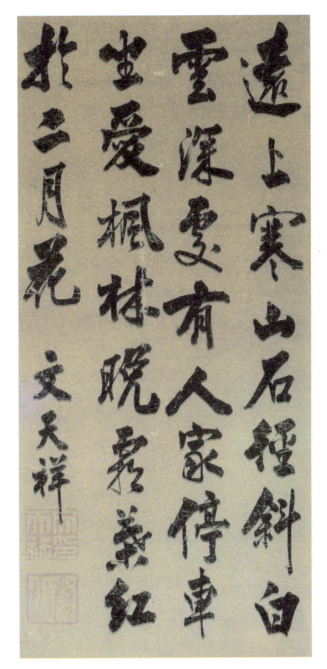

远上寒山石径斜白
云深处有人家停车
坐爱枫林晚霜叶红
于二月花　文天祥

▶《行书七言诗》南宋·文天祥 书

便挥挥手让他下去，然后再从长计议。蒙古侍从却以为忽必烈下达了杀死文天祥的命令，就将其推出去行刑。待忽必烈发现时，已经晚了。文天祥临刑时，从容不迫，对狱卒说："我的事做完了。"说完后，他向南方跪拜，就被处死了，终年47岁。文天祥舍生取义的精神，始终鼓舞着后人。

宋末"三杰"

宋末"三杰"指的是南宋灭亡之际三位抗元名将——张世杰、文天祥、陆秀夫。在崖山海战中，陆秀夫背着幼主投海而死，张世杰也以身殉国。文天祥被蒙古人所抓，最后也慷慨赴死。

草原英雄耶律阿保机

耶律阿保机（872—926），姓耶律，名阿保机，契丹人，辽国开国皇帝。他骁勇善战，明达世务，领袖群伦，统一了契丹各部；东征西讨，扩大了国土，并让人制定法律，改革习俗，创造契丹文字；发展农业、商业，文治武功成就显著，对契丹乃至北方民族的发展产生了深远影响，是一代草原雄主。

出身名门，领袖群伦

耶律阿保机出身契丹贵族，自幼聪敏，才智过人，长大后身材魁梧，身高九尺，目光锐利，更练就一身武艺，能拉开 300 斤的大弓，在内外混战的情况下，深得掌权的伯父赏识。

阿保机的伯父担任契丹最高军政长官于越，支持年轻的阿保机组建了侍卫亲军，让他率兵作战，战胜了邻近的几个小部落，建立了军功，在部落里逐渐崭露头角。伯父被杀害后，阿保机继承了于越之位，带兵击溃了部落豪强，降服附近弱小势力和少数汉族军队，声威大震，成为契丹的实际领导者。很多人希望他成为名正言顺的领导。公元 906 年二月，阿保机众望所归，举行烧柴礼，成为 8 个契丹部落的可汗，

号称"八部可汗"，带领契丹开启了新征程。

平息内乱，统一契丹

阿保机虽然顺利称汗，但接手的却是千疮百孔的契丹。有两个很严峻的挑战在考验着他。

第一个挑战就是觊觎可汗位子的弟弟们，他们也想过把瘾，希望阿保机按照契丹旧俗，3年以后退位，由他们再推选。但是阿保机不愿意。面对权力和国家发展的需要，阿保机想仿照中原王朝实行世袭制和终身制，迟迟不肯交出大权，这引起了阿保机本族兄弟们的反对，造成了"诸弟之乱"，前后共有3次，都被阿保机机智地化解。

第一次，弟弟们拉拢不满阿保机的旧贵族，借口索要战利品而发

▲五代·李赞华《东丹王出行图》

动叛乱。阿保机截获情报，及时出兵抓获了造反的弟弟们，并把他们拉到山上发誓说下次他会交出可汗之位，然后念及亲情，将他们释放。没想到第二年，他们又继续反叛，想强制阿保机在众人面前退位改选。结果让弟弟们意想不到的是，阿保机领兵南下，提前在众人面前举行烧柴礼，成为合法的可汗，让他们失去了反叛的理由。但是他们仍然不服，决定用武力发动第三次叛乱，杀掉阿保机，另立新主。在阿保机和皇后的共同努力下，粉碎了第三次叛乱。

　　第二个挑战是，除了本部落的反叛外，另外 7 个部落也在酝酿造反，逼阿保机退位让贤。阿保机先是假装答应，然后转移到汉人城市，发展经济，壮大实力后，听从妻子的计谋，诱骗其他部落首领前来参加宴会，等他们喝得烂醉如泥的时候，趁机将他们全部杀掉。

　　解决了契丹八部反叛势力后，公元 916 年，耶律阿保机正式称帝，

建立契丹国，制定法律，颁布官职，又命人制契丹大字，有力地推动了契丹的经济、政治和文化发展。契丹声威大震，至今俄语称中国为"契丹"。

对外扩张，草原雄主

统一内部以后，阿保机开始带领契丹人对外扩张。公元 926 年，阿保机东征渤海国，向东发展势力。阿保机集中全部兵力，打败渤海国，占领渤海全境，将渤海改为东丹国。为了加强对这里的统治，阿保机让皇太子耶律倍任东丹王，设置官府，管理东丹事务，大大拓展了契丹的势力，结束了唐末以来东北地区长期的分裂局面，促进了各族人民的交流和发展。不过在胜利回师途中，阿保机病逝，享年 55 岁。有意思的是，阿保机在 3 年前曾经预言到自己会在这年的秋天去世。3 年后，阿保机果然在秋天去世，准确地印证了自己的预言。至于这是巧合还是有意为之，变成了历史之谜。

耶律阿保机用血与火、智慧和勇敢，首次统一了散乱的契丹民族，在此基础上，他又经过多年征战，把北方混战不已的众多民族统一在自己的政权下，建立起幅员辽阔的契丹国，也就是大辽王朝。在统一的过程中，虽不免给各民族带来痛苦，但是也带来了长期的稳定，显著推动了北方各民族的融合、政治经济乃至文化的发展，为后来中国的统一奠定了基础。

不让须眉萧燕燕

萧燕燕（953—1009），又名萧绰，契丹人，辽国重臣萧思温之女，辽景宗耶律贤的妻子，民间戏曲中习惯称她"萧太后"，辽国著名的政治家、军事家和改革家。她统治期间重用汉人，励精图治，大大增强了辽国的实力；与宋朝签订澶渊之盟，形成了长期的和平局面，推动了南北方的融合和发展，被后世赞誉为"辽国的中兴之主"。

选入皇宫，贤良内助

萧燕燕从小就聪明伶俐，办事认真利索。有一次，萧燕燕和几个姐妹一起干家务活，几个姐妹草草了事，唯独她还在仔细地擦洗，把家具收拾得整整齐齐，父亲萧思温就称赞她以后能成大事。

耶律贤继位后，萧思温成为亲信大臣。公元969年，耶律贤为体现对萧思温的倚重，征召萧燕燕入宫。据说萧燕燕年轻时曾与才子韩德让有深厚的感情，但为了家族利益，不得不割爱进宫。萧燕燕聪明伶俐，为耶律贤生下皇子，深受宠幸，不久从贵妃升为皇后。在后宫脱颖而出后，萧燕燕逐渐开始参与朝政。由于耶律贤体弱多病，萧燕燕经常参与政策的制定等事务。随着时间的推移，在耶律贤的默许下，

▲清·沈容圃《同光十三绝》中的萧太后形象

辽国的一切日常政务都由萧燕燕裁决。若有什么重要的国事，她便召集诸位大臣共商，最后综合各方意见再做出决定。她所做的决定，辽景宗最多只是听听汇报，不会做任何干预，往往用"知道了"表示通过。在萧燕燕的努力下，辽国军事日渐强盛，政治、经济也步入正轨。

巾帼英雄，撑起危局

耶律贤因病早逝，留下遗诏让年幼的耶律隆绪继位，国家大事听皇太后的命令，同时立耶律斜轸与韩德让为顾命大臣。当时主少国疑，宗室拥兵自重，局势不稳。萧燕燕（萧太后）为了稳定局势，在朝廷重臣面前流着泪说："我们现在孤儿寡母，宗室又虎视眈眈，边境又多事，怎么办啊？"朝廷重臣们上前安慰，并发下重誓说："只要信任我们，我们愿意效死力！"

在政治上，萧太后任用耶律斜轸管理内政，严密监控贵族，不许闹事。在军事上，萧太后重用名将耶律休哥总管南面军事，加强了边防。她又采纳韩德让的建议，加强对宗室诸王的管制，剥夺了他们的兵权，同时把宗室亲属召到宫中为人质，解决了内部夺位的一大隐患。通过这些措施，萧太后迅速化解了内部危机，然后得以集中力量抵御甚至南下攻打新兴的宋朝。

不过萧太后重用自己的旧情人，却成了让辽国内外议论纷纷的花边新闻。

▲辽代应县木塔壁画。木塔是辽兴宗之仁懿皇后——萧皇后为彰显
"一门三后、一家三王"的累世功勋并为亲人祈福而建的，同时也
可用于军事守望。图为女供养人像。据专家考证，此图应为萧太后

澶渊之盟，缔造和平

　　花边新闻传到宋朝后，让宋朝觉得有机可乘。宋太宗听后误以为辽国百姓厌恶萧太后，主少国疑，内部混乱，于是就率领三路大军，出关攻打辽国。萧太后站稳脚跟后，带领幼帝耶律隆绪，在韩德让的陪同下，御驾亲征，准备与宋军决一死战。萧太后派遣耶律休哥和耶律斜轸，分别负责东、西线作战。辽军上下一心，作战勇猛。耶律休哥在东线岐沟关大败宋军大将曹彬，耶律斜轸在西线打败杨业，宋军全线溃退，辽军大胜。萧太后乘胜追击，继续派兵南下伐宋，屡战屡胜，掠取宋朝大量的土地和人口。渐渐地，萧太后认为南下灭宋，统一天下的时机到了。

　　公元 1004 年，萧太后趁机率军南下。在宰相寇準的力劝下，宋真宗御驾亲征，宋军坚守辽军背后的城镇，又在澶州城下以八牛弩射杀辽军大将萧挞凛。辽军士气大挫。在势均力敌的情况下，两国决定讲和，达成了澶渊之盟。此后双方结束了多年不息的争战，进入了长达百余年的相对和平时期。

　　宋、辽和好后，萧太后便把政权交给儿子耶律隆绪，结束了她在辽景宗、辽圣宗年间近 40 年的摄政生涯，准备出发去南京安享晚年，但不久却病重去世。耶律隆绪（辽圣宗）举行国丧，守孝 3 年。人们都称赞萧太后是难得一见的女中豪杰，是辽国的中兴之主。

"西辽之光" 耶律大石

耶律大石（1087—1143），契丹族，字重德，辽太祖耶律阿保机的第八世孙。他通晓契丹、汉文字，英勇善战，在辽国末年忍辱负重，努力挽救契丹的失败，避免了亡国灭种的危险。他带领败退人马，历尽艰险前往西部，开疆拓土，建立西辽，保存和扩大了契丹的余脉，是为西辽开国皇帝。

大石林牙，支撑残辽

耶律大石出生在辽国后期，从小聪明伶俐，善于学习，精于骑射，兼通汉文和契丹文两种文字。公元1115年，耶律大石考中进士，成为契丹族唯一一位进士，不久被选入翰林院，可谓文武双全。"翰林"在契丹语里叫"林牙"，因此耶律大石就被誉为"大石林牙"，享誉四方。

大石外放为节度使后，开始率兵抵抗金军的攻打。公元1122年，金兵攻克了辽国都城中京，天祚帝耶律延禧丢下臣民往西逃窜，使北方陷入群龙无首的困境中。当时，大石等人留守燕京，遭到金、宋夹攻，人心惶惶，形势危急。为了安定人心，坚持抵抗，大石拥立耶律淳即位，建立北辽。耶律淳任命大石为军事统帅，负责守卫。大石认为当时金国有吞并天下的野心，而辽、宋势弱，因此希望游说北宋，结盟抗金。但北宋却误认为辽国快不行了，是夺回幽云十六州千载难逢的好机会，反而跟金国结成海上之盟，命童贯出兵燕京，夹击辽国。

童贯想不战而胜，先派手下马扩前去劝降。耶律大石大声质问马扩："宋、辽和好已经百年了，为什么要背盟来打我们？以前西夏几次上书，要和我们辽国夹击宋国，我们不肯见利忘义，不同意。每次辽国都会把西夏的劝战书送给宋国看。现在你们仅仅听信金人的几句话，就要翻脸打我们？"马扩理屈词穷，只能说："大宋想要收回幽云十六州，巩固自己的边防，不得不这样做。"耶律大石见状，丝毫不畏惧地说："因为两国和好，所以我不想扣留你。吃完了饭你就走吧。另外，你给童贯带个话：想和就继续和，不想和咱们就打。"

童贯出兵 20 万攻打南京。大石率残军迎战，先败宋军于白沟河，后在巷战中再次打败宋军。两次胜利，使得辽军士气重新振作，使大石以为似乎可以抵抗得住金军的铁骑。

但是很可惜，金军的战斗力太强。公元 1123 年，大石抗金失败被俘。为了逼迫大石说出天祚帝的下落，金人用绳子把他绑在马尾，然后拖拽折磨他。后来利用智谋，他从金营逃脱，就去投奔天祚帝。天祚帝质问他为何自己还活着，就要另立皇帝，岂不是谋反？大石不惧地回答道："您作为皇帝，并没有担负起抗金复国的重任，导致契丹深受金人欺辱。即便再立 10 个皇帝，难道不比向他人乞命强吗？"天祚帝语塞，只得放了他。大石建议天祚帝退到西北以求发展，养兵待时。实际上，天祚帝并不能原谅大石擅自另立皇帝的作为，也不能接受大石的意见。这让大石觉得天祚帝没救了。公元1124年，天祚帝头脑发昏，以为自己屡逃屡顺，还得到阴山室韦小部落的支持，那一定是上天的保佑，准备以少数兵力与金人决战，收复国土。大石认为这是以卵击石，坚决反对。天祚帝执迷不悟。大石杀死监视者，率领200多名亲兵，星夜往西逃走。

大石西征，起死回生

在西逃的途中，大石自立为王，并游说附近部落，争取得到支持。好在契丹在西北尚有影响，西北很多部落仍然愿意支持契丹，所以大石一路上得到了不少帮助。而不少散落的契丹部落也很仰慕大石的威名，渐渐地团结在大石的周围。向西到达可敦城后，大石汇集18个部落，动情地说道："我们契丹祖宗创业艰难，至今已历九帝二百余年，威震天下。现在金人残暴，攻打我国家，杀害我人民，想到这些让我痛心疾首。现在我想借助你们的力量，仗义西行，变得强大后，再去打败仇敌，恢复国土，不再受辱，共享太平。你们是否愿意恢复家园，追随我打金人复国家？"众人很受感动，

▲西辽时期银币·康国元宝

纷纷表示愿意追随。大石集合一万余人，开始往西进军。

大军行至寻思干，遭到了有 10 万之众的忽儿珊阻拦。大石发现忽儿珊虽然兵多，但是没有谋略，就出妙计，以少胜多，打败了忽儿珊，声威大震。附近的部落都来归降，增强了大石的力量。人们都认为大石是可以依靠的。军队到达起儿漫后，人心思安，在众人的劝说下，公元 1132 年，耶律大石在叶密立城登基称帝，号葛尔汗，建立了西辽。他封赏左右文武官员，并规定官方语言为汉语，使辽国余脉得以保存，延长了辽国的寿命，更使中国文化远播中亚。建国后，大石励精图治，使西辽国势蒸蒸日上，很快成为中亚的强国。

不忘复国，中亚霸主

西辽安定后，大石念念不忘自己的故土，决定东征金国，恢复国家。公元 1134 年，大石派大将率军 7 万，远征金国，无奈路途遥远，更遭到风暴袭击，人马损失过半，无力前行，不得不折返。东征失败后，大石转而全力开拓西部。早在公元 1132 年，大石就吞并高昌回鹘王国。公元 1134 年，大石迁都虎思斡耳朵，也就是今天的吉尔吉斯斯坦境内。公元 1137 年，大石打败东喀喇汗王国穆罕默德汗。穆罕默德汗逃到塞尔柱王国求救，塞尔柱发兵 10 余万来攻打大石。公元 1141 年，大石在卡特文会战中，以少胜多，大败塞尔柱联军，占领了撒马尔罕，将塞尔柱王朝的势力逼出河中地区，使西辽成为地域辽阔的帝国，成为中亚的霸主。

　　大石在位期间，与臣民同甘苦、共患难，吸取辽国灭亡的教训，注意团结内部，轻徭薄赋，发展生产，实行宗教宽容政策，在一段时间内缔造了西域和中亚和平繁荣的景象。公元 1143 年，大石病逝，一代传奇落幕。之后，西辽由于内部政变和奢侈腐化，政权被屈出律篡夺，最终于公元 1218 年被蒙古灭掉。

女真悍将完颜宗弼

　　完颜宗弼（？—1148），女真族，金太祖完颜阿骨打第四子，人称"四太子"，宋、金对峙时期的军事家和政治家。因其女真名为兀术，又被称作"金兀术"。他是南宋名将岳飞、韩世忠等人的劲敌，曾多次带兵南下攻宋，有力推动了金国的崛起。虽在小说中常被当作枭雄，但实际上却被女真人奉作一代英豪，是金国的开国功臣。

勇猛善战，御下有术

　　完颜宗弼为人豪爽，从小就随父兄出征，骁勇善战。在追击辽国天祚帝的时候，宗弼打光了弓箭，就冲上阵前夺过辽兵的枪，与13个辽兵大战，最后独杀8人，生擒5人，勇冠全军，令女真将士刮目相看。宗弼初次参战，便显示了过人的勇猛。

　　除了勇猛，宗弼做事有一定分寸。据说金军中一个小兵卒的老婆很漂亮，被宗弼看上了。他找借口杀掉小兵，霸占其妻，并宠爱有加。有一天晚上，该女子突然手持匕首，想要谋刺宗弼。宗弼制服她，问她为什么这么做，她说为丈夫报仇。宗弼沉默，没有杀她，第二天把她带到营中，说："杀你的话你没有罪，留你也是不行的。这样吧，你

就在军营中挑一个自己中意的嫁了吧。"女子指了一个，宗弼果真把她放了，并将其许配给了那个士兵。他虽采取非常手段霸占了士兵的妻子，不论什么原因，却未杀要杀他的女子。加上宗弼作战时，经常亲临督战，甚至冲锋陷阵，就树立了自己不滥杀和讲诚信的形象，赢得了军心。

搜山检海，对宋征战

宗弼年纪轻轻就开始领兵作战，立志灭南宋，定天下。公元1128年，宗弼声言搜山检海捉赵构，率大军南下，从河北一路打到长江边，屡战屡胜。逼得宋高宗"狼奔豕突"，频繁逃窜，甚至不得已逃到海上避难。可恨金军残暴，一路烧杀抢掠，激起了中原人民的反抗。

公元1130年三月，宗弼和韩世忠激战黄天荡。韩世忠水师战船高大，扼守江口，金军无法通过。金军虽然兵多，但船小而少，又不善水战，交战数十回合，金军损失惨重。于是宗弼出重金征求逃脱之计，一个王姓福建人献上了火攻计。宗弼连夜赶制火箭，然后趁着无风狂射战船帆布，导致宋军大败，被烧死、淹死者不计其数。韩世忠等少数人不得不弃舟退往镇江。冲出韩世忠的围堵后，宗弼又遭到岳飞的伏击。岳飞在牛首山设伏，大败宗弼大军。取得大捷后，岳飞乘胜追击，将金兵驱逐过江，收复建康。

后来金军又想从西线攻下川陕后，顺流而下，扫灭江南。宗弼奉命前往协助。宋军将宗弼军作为进攻的重点，将其团团围住。宗弼力

▲韩世忠像

战不退，牵制了宋军主力，后与完颜娄室合力，击败宋军，占领陕西大部分。公元1131年，宗弼以陕西为基地，进击四川，遭到名将吴玠、吴璘率领军民顽强抵抗。宗弼在和尚原大败，身中流矢，为了躲避宋军追捕，甚至割去了女真人视为尊严的胡子，然后逃跑。宗弼见吴氏兄弟英勇善战，便不再与其力战，这使南宋西北部获得稳定，为南宋长期生存奠定了重要基础。

宋金议和，出将入相

在东线，宗弼视岳飞为心腹之患。岳家军战斗力极强，打得金军闻风丧胆。宗弼先在顺昌之战中败于刘锜部，在郾城、颖昌被大败于

▲南宋·刘松年《中兴四将图》左一为韩世忠

岳飞部，险些被俘。形势对宋朝极为有利，岳飞也乘胜进兵，大有收复河南进攻河北之势。但宋高宗下令岳飞班师回朝，于是宋军全部撤出河南。看到暂时无力灭宋后，宗弼开始倾向宋、金讲和。此举正中急于求和的宋高宗和秦桧之下怀。宗弼趁机威逼利诱，不仅要求南宋交纳大量赎金，获得对金非常有利的条款，还要求杀死岳飞，才愿意和谈。软弱的宋高宗和奸相秦桧，完全照办。一代名将岳飞被冤杀于风波亭，此后达成屈辱的绍兴和议。

　　此后宗弼不再南下攻宋，而是班师回朝出任丞相，重用投降的汉族知识分子，稳定北方经济，发展生产和文教，壮大金朝实力。直到海陵王南侵，20年间金、宋边界几无战事，一定程度上推动了双方经济文化的发展。公元1148年完颜宗弼去世，被女真人视为英雄。后世认为完颜宗弼是女真族杰出的军事统帅，一生致力于吞并南宋统一中国，可谓雄心壮志，但其纵兵抢掠，造成中原和南方生灵涂炭，民不聊生，更逼死岳飞等忠臣，显示了其残忍阴毒的特点。

北方文豪元好问

元好问（1190—1257），字裕之，号遗山，世称遗山先生，秀容（今山西忻州）人，是金代著名文学家、历史学家，诗、文、词、曲无一不精，其作品影响后世深远。

颠沛流离，诗词记史

元好问天资聪颖，7 岁就能写诗，被誉为"神童"。14 岁时，元好问就已经博通经史、淹贯百家。元好问从 16 岁起参加科举考试，多次未中，但在京城期间与朝中名人、权要结好，创作了很多有名的诗歌，其中的《箕山》《元鲁县琴台》等诗篇，深得高官赵秉文赞赏，他因此名震京师，被誉为"元才子"。但不久后由于蒙古兵围攻，元好问不得不由山西逃难河南，并在豫西逐渐定居下来。

直到公元 1224 年，考了近 20 年后，元好问才以优异的成绩考中科举。元好问入选国使院编修，但是收入微薄，生活清苦。

公元 1225 年，元好问忍受不住京城的清苦生活，请假去登封，其间撰写了《杜诗学》，对了解和研究唐代诗圣杜甫的生平和诗歌大有帮助。

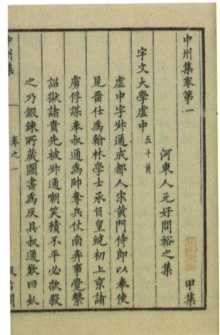

▲金·元好问辑《中州集》

公元 1226 年到 1231 年，元好问又辗转在河南平原、南阳等地为官，曾大刀阔斧地进行改革，希望能挽救金朝的颓势，不久后被调到京城做京官。但是元好问的运气实在太差，公元 1233 年，金朝京城被攻陷，元好问成为阶下囚，生活凄苦，直到跟蒙古国内部的汉军首领接上关系，生活才逐渐好转。

在逃难的过程中，元好问用诗歌将耳闻目睹记录下来，形成独具特色的"丧乱诗"，成为难得的历史资料。他痛心金国的沦亡，为了以诗存史，勤奋编辑金国已故君臣诗词总集《中州集》，有缅怀故国

和以金为正统的深意。金朝灭亡后，晚年的元好问虽受到名相耶律楚材的倾心邀请，但已是心灰意冷，再也不想当官了，决意重回家乡隐居，交友游历，潜心编撰著述，留下了《中州集》《元遗山先生全集》等书。

北方文雄，后世传唱

元好问是宋、金对峙时期北方文学的主要代表、文坛盟主，又是金元之际在文学上承前启后的桥梁，被尊为"北方文雄"。他擅作诗、文、词、曲，其中以诗作成就最高，其"丧乱诗"尤为有名。现在大众流传最广的元好问的词是《摸鱼儿·雁丘词》，这首词歌颂了至死不渝的爱情，被人们千古传唱：

摸鱼儿·雁丘词

问世间，情是何物，直教生死相许？天南地北双飞客，老翅几回寒暑。

欢乐趣，离别苦，就中更有痴儿女。君应有语：渺万里层云，千山暮雪，只影向谁去？

在史学方面，元好问主张秉笔直书，不隐恶，不虚美，尊重史实，在《中州集》中留下了大量的文献资料，不仅填补了文学史的空白，更便利于《金史》的编纂，可以说是为金朝画句号的一个人物。

▲余绍宋绘《松竹起舞》，梁启超书元好问《论诗绝句》

"大漠苍龙" 铁木真

孛儿只斤·铁木真（1162—1227），蒙古族乞颜部人，"黄金家族"的继承人，蒙古大帝国的开创者，12世纪末13世纪初，先后统一蒙古诸部，1206年被推为大汗，称"成吉思汗"，著名的政治家、军事家，被誉为世界的大征服者。

悲苦流离，造就英雄

铁木真的父亲是乞颜部首领也速该，母亲是弘吉剌部的柯额伦。铁木真出生时，恰逢也速该战胜塔塔尔部的首领铁木真兀格，为了庆祝胜利，便为其取名铁木真，意思是钢铁一般的人。铁木真9岁那年，跟随也速该去弘吉剌部求亲。半道上，也速该被一个小孩骗喝了有毒的马奶酒。这实际上是仇敌塔塔尔人和铁木真兀格之子扎林不合的阴谋。也速该强忍痛苦回家后宣布铁木真为自己的继承人，让他为自己报仇雪恨，然后毒发身亡。部众得知也速该死后，作鸟兽散，又在泰赤乌部的威逼利诱下，纷纷叛走，无情地抛弃了铁木真一家。铁木真一家食不果腹，过得相当凄苦。幸亏母亲柯额伦不怕艰苦，在血雨腥风中抚养铁木真兄弟长大成人。渐渐地，铁木真像草原上的骏马一样，

▲成吉思汗时期的腰牌

经过风吹雨打，茁壮成长，精于骑射。有一次，铁木真一箭射中了云中的大鹰，吓跑了盗马贼，声威远播。

泰赤乌部首领塔里忽台担心铁木真羽翼丰满后会报复他，打算斩草除根，因此袭击铁木真，将其抓获。铁木真在晚上趁看守酒醉，逃了出来，跑到锁儿罕失剌家，得到了他们的救助。他被藏在羊毛堆里，躲过了塔里忽台的追杀，黎明前骑马跑回家，迁移营地，远远地甩开了泰赤乌部人的追杀。在颠沛流离的青少年时期，铁木真练就了钢铁般的意志和随机应变的智慧。

广纳豪杰，统一蒙古

铁木真逃出泰赤乌部后，知道需要寻找强有力的靠山才能生存下去。在母亲的建议下，铁木真投靠到当时实力强大的克烈部王罕帐下，从此开始召集流散部众，积蓄力量。

看到铁木真逐步壮大，仇敌脱黑脱阿等人袭击铁木真营地。铁木真侥幸逃脱，但怀孕的妻子及仆人3人来不及逃脱，被敌人抓住。铁木真请求王罕和安答（蒙古语兄弟的意思）扎木合帮助，成功击败了仇敌，不仅救出了妻子，还掳掠了大量的财物和奴隶。战后，铁木真逐渐崛起，开始脱离王罕、扎木合自立，吸引了更多的人归附，推动了乞颜部的振兴，引起了其他部落的敌视。公元1190年，札答阑部、泰赤乌部纠集3万大军，发动十三翼之战，突袭铁木真。铁木真难以抵挡，退往斡难河狭地中。但铁木真没有灰心，广施仁义，厚待部民，吸引了泰赤乌部等的小部落归附，恢复了元气，此后他继续联合王罕，东征西讨，壮大自己。

公元1196年，铁木真又和王罕合力大败塔塔尔部，终于为父报仇。回师后，铁木真以违背誓言、背后偷袭等为由，击败乞颜部主儿乞部，消除内部的隐患。铁木真势如破竹，又联合王罕，大败宿敌泰赤乌部。公元1202年，铁木真、王罕联军打败劲敌扎木合组织的十二部落联军。铁木真不忍杀害昔日的好友扎木合，便让王罕代管。战后，铁木真追击泰赤乌部，结果被神箭手射中脖子，生命垂危。部将者勒蔑半夜偷

▲成吉思汗圣旨牌

了一桶马奶，救活了铁木真。第二天铁木真神奇般地出现在众人面前，这加速了泰赤乌部的投降。同时，铁木真获得哲别、纳牙阿等得力战将，增强了实力。

铁木真的队伍不断壮大，引起了王罕及其子桑昆的疑忌。在扎木合等人的挑唆下，王罕聚集大量兵马攻打铁木真。铁木真兵寡失利，部众溃散，撤往班朱尼河，处境极为艰难。铁木真举手仰天，向追随者发誓道："等到我大功告成后，定与众人同甘共苦。如果违背誓言，就像这里的河水一样！"部下很感动，表示誓死追随。慢慢地，铁木真又恢复了元气。

王罕大败铁木真后，日渐骄纵。铁木真再次崛起后，趁王罕宴饮娱乐的时候，突袭王罕大营，经过三天三夜激战，击败王罕主力。王罕败走乃蛮部，被边将杀死。扎木合和王罕残部进入乃蛮部，鼓动乃蛮部太阳汗攻打铁木真，结果大败。扎木合的随从背叛，将其抓住后献给了铁木真。铁木真与扎木合痛饮一夜，最后将他绞死。

统一蒙古部落后，公元1206年，铁木真在斡难河源头召开大会，被众人推举为"成吉思汗"（蒙古语：拥有四方海洋的可汗），创建了大蒙古国。

南下攻金，经略中原

金朝末期政治黑暗，贪腐横行，对蒙古征收大量赋税，甚至还派人残杀蒙古人民，与蒙古积怨甚深。成吉思汗很想推翻金朝的统治，给蒙古人公道。成吉思汗听说庸碌的完颜永济继位，非常轻视他，在接见金国使者传诏时，不肯下跪，并策马北去。完颜永济也无可奈何。

成吉思汗开始策划攻打金朝事宜。从公元1211年到公元1213年，蒙古军队多次南下战胜金军，攻取大量的城池，多次包围金朝中都。其中公元1211年，成吉思汗发动野狐岭之战，大败金军，深入居庸关一线，使金军元气大伤。但是金国毕竟地广城多，蒙古短时间难以攻灭，又受西部花剌子模的牵扯，成吉思汗便留下大将木华黎代为镇守，自己退回草原，准备西征花剌子模。木华黎学习金国的制度，组建军事机关，广纳各地官僚、豪杰，与金朝开启拉锯战。

开启西征，创建帝国

　　成吉思汗四处征讨的同时，西部强国花刺子模也正准备向东扩张。公元 1215 年，花刺子模国王摩诃末派使团探访成吉思汗，成吉思汗接见了使者，并派人回访。铁木真派了 400 人的和平商队，进入花刺子模开展贸易，表达了友好交往的愿望，不料讹答剌城主贪图商队财物，污蔑商队是间谍，尽杀使者，抢夺货物。一名幸免于难的商人逃回蒙古并报告给成吉思汗。成吉思汗大怒，派 3 个使者前去质问。不料摩诃末杀 1 人，又剃掉另外 2 人的胡子，有意羞辱他们。成吉思汗忍无可忍，决意西征花刺子模。

　　公元 1219 年，成吉思汗率大军，兵分四路杀入花刺子模。蒙古军战斗力很强，以迅雷不及掩耳之势，接连攻陷花刺子模众多城池，并执行破坏性的掠夺和屠杀策略，使撒马尔罕等诸多城市变为废墟，百姓流离失所。摩诃末在蒙古军的追击下，逃亡到里海南部的一个岛上，不久病死。其子扎兰丁率领余部，组织民众继续抵抗，但在成吉思汗的强大兵力下，未能成功，不得不逃往印度。蒙古军继续往西追击，一度到达克里米亚半岛。

　　成吉思汗西征取得胜利，班师回朝。公元 1226 年，成吉思汗听闻西夏背盟，气死了木华黎，因此他不顾高龄，坚持亲征西夏，将西夏团团围住。不久成吉思汗病危，迁往六盘山养病。成吉思汗去世前留下灭夏灭金战略：等西夏国主出城投降时将其杀死，灭掉西夏；而对

于金国，则需要联合南宋夹击灭之。

公元 1227 年，成吉思汗病逝，留下了一个广阔的蒙古帝国。成吉思汗所取得的军事成就和影响被广泛传颂，就连拿破仑都自叹不如。

▲此图为成吉思汗灭花剌子模后，对花剌子模民众进行宣说，高台上的坐者为成吉思汗

神箭手哲别

哲别（？—1224），原名只儿豁阿歹，蒙古别速部人，先是泰赤乌部首领塔里忽台的部下，被成吉思汗打败后归附，为"四獒"之一，跟随成吉思汗东征西讨，是蒙古帝国著名的战将。

弃暗投明，赴汤蹈火

哲别原是泰赤乌部的神箭手，百步穿杨，箭无虚发。最初他跟随泰赤乌部塔里忽台反抗铁木真。公元 1201 年，铁木真和扎木合率十一部联军进攻泰赤乌等部，打败塔里忽台，取得了胜利，将哲别俘获。哲别在战役中用箭射伤过铁木真的白嘴黄马，铁木真曾问是谁射伤的。哲别一口承认，但同时也说："如果您能饶恕我，赐我一命，我愿为您横断黑水，砍断岩石，赴汤蹈火，在所不辞。"铁木真对此十分欣赏，不念旧恶，宽宏大量地收了哲别这个部下，并且赐其"哲别"之名。"哲别"在蒙古语中的意思为"箭镞"，表明他的箭法出众。铁木真希望他指哪里，这支箭就打到哪里。果然，哲别不辱使命。

公元 1204 年，铁木真进攻乃蛮部。哲别为前锋大将，他像凶猛的藏獒一样撕扯敌人，并且最终帮助铁木真擒杀太阳汗，功劳显著。2

年后，铁木真创建大蒙古国，在斡难河畔被诸部推举为蒙古国大汗，尊为"成吉思汗"。成吉思汗编组千户，哲别被委任为千户长，成为大将。

哲别帮助成吉思汗统一蒙古部落后，接下来就跟随成吉思汗南下作战。公元1210年，哲别奇袭金国边境乌沙堡，取得胜利。接下来2年，哲别对金作战立功无数，到公元1213年，他成功袭取居庸关，增强了蒙古的战略主动权，直接加速了蒙古灭金的步伐。

不久，成吉思汗听说仇敌乃蛮部太阳汗之子屈出律夺取西辽，继续反对他。为了解决后患，命哲别进攻西辽，追击屈出律。哲别有勇有谋，当时屈出律正好在强制要求信奉伊斯兰教的教徒改变宗教信仰。哲别利用这点，表示宗教信仰自由，得到了当地民众的支持，使屈出律成为孤家寡人，四处抱头鼠窜。哲别穷追不舍，最终将其歼灭。屈出律死后，西辽就归降成吉思汗，壮大了蒙古帝国的实力。哲别的战功，受到成吉思汗的夸赞。

西征猛将，打到欧洲

公元1218年，花剌子模污蔑蒙古和平商队为间谍，擅自将他们杀害，惹怒成吉思汗。成吉思汗宣布出兵西征，攻打花剌子模。哲别在此次西征中任前锋，一路上攻城略地，让花剌子模的国王摩诃末深感威胁。成吉思汗赞赏哲别，命令哲别追击摩诃末。

摩诃末听到消息，像是一只受惊的兔子，一有风吹草动，当即撒腿而逃。所以等到哲别好不容易找到一点踪迹的时候，人又跑了。

哲别与速不台兵分两路追寻，紧咬着不放，这让摩诃末忧心不已。等到哲别经过木维因等城，在剌夷城与速不台会合的时候，摩诃末已经绝望。想到怎么也是一死，与随行大臣商议过后逃到里海一座小岛上，最终惊忧而亡。

此事过后，哲别一路向西，势不可挡，率领手下士兵攻破一座又一座城池，夺取了巨额财富，一直打到今俄罗斯境内。

公元 1224 年，哲别带领蒙古军向西跨过了第聂伯河，扫荡了俄罗斯南部，一直打到克里米亚半岛。等得到成吉思汗东归的命令之后，哲别才带兵返回。遗憾的是，战功赫赫的哲别在归途中，因为征途劳累和伤病复发而亡。哲别去世后，成吉思汗说蒙古帝国的神"箭镞"陨落了。

蒙古四獒

"蒙古四獒"是四个人物，分别为蒙古军大将速不台、者勒蔑、哲别、忽必来四人。哲别，别速部人，位列开国第 47 位功臣，任千户长；速不台，兀良合惕部人，是位骁勇善战的把阿秃儿；者勒蔑，也是兀良合惕部人，曾救过成吉思汗 3 次；忽必来，巴鲁剌思部人，位列开国第 8 位功臣。

960年：赵匡胤建国，北宋建立，是为宋太祖

976年：宋太祖"暴亡"，赵匡义继位，为宋太宗

978年：宋灭吴越，南方统一

998年：宋太宗去世，宋真宗继位

998—1003年：咸平之治

1004—1005年：契丹辽国南下，宋辽签订"澶渊之盟"

1008年：宋真宗封禅泰山

1023年：宋真宗去世，宋仁宗继位

1038年：西夏建国

1040—1044年：宋夏战争，宋败

1043—1045年：庆历新政

1044年：宋夏庆历和议

1064年：宋仁宗去世，宋英宗继位

1068年：宋英宗去世，宋神宗继位

1069—1085年：王安石变法

1086年：宋神宗去世，宋哲宗继位，高太后垂帘听政，废除新法

1101年：宋哲宗去世，宋徽宗继位

1119—1121年：方腊、宋江起义

1125—1126年：北宋联金灭辽，金国转攻北宋，宋徽宗逊位

1127年：金取东京，俘徽、钦二帝，北宋灭亡

1127年：赵构在南京（今河南商丘）称帝，为宋高宗，史称南宋

1130年：金破临安，高宗流亡海上

1141年：宋金绍兴和议。第二年，岳飞被陷害而死

1163年：宋高宗退位，宋孝宗继位

1164年：隆兴和议

1190年：宋孝宗退位，宋光宗继位

1234年：宋蒙联军灭金。蒙古反攻南宋，宋蒙战争爆发

1268—1273年：宋蒙襄阳之战，宋败

1275年：宋度宗死，宋恭宗立，谢太后临朝。宋廷杀贾似道

1276年：元取临安，虏恭宗、谢太后

1279年：宋元崖山海战，宋败。陆秀夫背幼主跳海而死，宋亡

916年：耶律阿保机称帝，建立辽国

926年：耶律倍建辽国属国东丹国

1005年：宋辽达成"澶渊之盟"

1038年：李元昊称帝，建立西夏国

1115年：完颜阿骨打称帝，建立金国

1125年：天祚帝被金军俘虏，辽国灭亡

1127年：金朝南侵，制造"靖康之难"，北宋亡，南宋建立

1132年：耶律大石建立西辽国

1189年：铁木真被推举为蒙古乞颜部可汗

1206年：铁木真统一蒙古各部，号"成吉思汗"，建大蒙古国

1218年：哲别攻西辽，杀屈出律，西辽灭亡

1227年：成吉思汗病故

1229年：成吉思汗子窝阔台为汗

1234年：蒙、宋军破蔡州，金哀宗自缢，金亡

1260年：忽必烈称汗于开平，建元中统

1279年：崖山海战，南宋亡

1294年：忽必烈逝世，其孙铁穆耳继位，是为元成宗

1352年：郭子兴起义，朱元璋参加起义

1358年：红巾军攻陷上都

1363年：朱元璋打败陈友谅

1368年：明军北伐，占大都，元朝灭亡